DU

CRÉDIT FONCIER

ET

DES MOYENS DE LE FONDER.

DU

CRÉDIT FONCIER

ET DES MOYENS DE LE FONDER,

ou

CRÉATION D'UN SYSTÈME HYPOTHÉCAIRE

APPUYÉ SUR LE CADASTRE, L'ENREGISTREMENT DES CONTRATS,
ET LE REVENU IMPOSABLE DE LA PROPRIÉTÉ,

SUIVI

D'UN MODE DE TRANSFERT DES CRÉANCES SUR HYPOTHÈQUE,
ANALOGUE A CELUI DES RENTES SUR L'ÉTAT.

PAR

M. J.=L. Loreau,

Directeur des Domaines.

A PARIS,

CHEZ L. HACHETTE, LIBRAIRE DE L'UNIVERSITÉ,
RUE PIERRE-SARRAZIN, 12.

1841.

AVERTISSEMENT.

———

Les vues de réforme et d'amélioration que je
livre à l'appréciation du public sont de date
assez ancienne ; je les ai conçues presque à mon
début dans la carrière de l'administration. Des
convenances hiérarchiques me prescrivaient de
les communiquer au ministère des finances ; j'ai
rempli ce devoir il y a plus de 15 ans. Les fonc-
tionnaires élevés qui en prirent connaissance
les accueillirent avec un vif intérêt. Ils com-
prirent parfaitement l'étendue de ce projet,
l'enchaînement des idées, les conséquences
avantageuses de l'exécution, et les obstacles

que cette exécution devait nécessairement rencontrer ; mais leur esprit ne s'en effraya pas. J'ai cru un moment qu'elle serait mise sérieusement en délibération, malgré le froissement des intérêts particuliers et les blessures d'amour-propre nécessairement liés à une réorganisation aussi grave.

Les grands événements politiques qui sont survenus, les agitations populaires qui les ont suivis, les préoccupations incessantes du pouvoir, et surtout l'instabilité des ministres, paraissent avoir ajourné indéfiniment cette pensée. Comme cette mobilité ministérielle, qui a pour conséquence infaillible l'immobilité des choses, ne paraît pas devoir cesser de longtemps, je crois que le moment est venu de m'acquitter de l'obligation d'un homme de bien envers son pays, en soumettant aux lumières de l'opinion publique un plan que je n'ai pas la prétention de regarder comme parfait, mais qui renferme, si je ne me trompe, des combinaisons propres à corriger de grandes imperfections financières et hypothécaires, et à donner au mouvement des capitaux une impulsion favorable au progrès de la richesse publique.

Les débats animés que vient de soulever la discussion de la loi sur les ventes judiciaires, qui n'est qu'un léger point comparé à l'étendue des matières que mon ouvrage embrasse, me donnent lieu de croire que mes propositions fixeront l'attention des hommes qui ont pris part à ces débats, ou qui les ont suivis avec intérêt. Ils y trouveront la solution de difficultés hypothécaires regardées jusqu'à présent comme insolubles, les hypothèques légales principalement. J'appelle de tous mes vœux leurs observations, leurs critiques. Je les prie de m'aider à compléter ce que je n'ai fait qu'ébaucher ; puis, si mes vues sont conformes à l'intérêt général, comme j'aime à le croire, d'unir leurs efforts aux miens pour solliciter du Gouvernement et des Chambres la réalisation de cette grande œuvre : alors le Gouvernement, éclairé par l'expression du sentiment public, qui ne s'égare jamais dans les matières exemptes de préjugés et d'entraînement politique, sera mis en position d'agir et de surmonter les résistances que rencontrent toujours les grandes réformes, quelle qu'en puisse être la nécessité.

DU

CRÉDIT FONCIER

ET

DES MOYENS DE LE FONDER.

EXPOSÉ PRÉLIMINAIRE.

Les combinaisons du plan que nous soumettons aux méditations et au jugement des hommes consciencieux et versés dans la science du droit civil et de l'administration, sont nombreuses et variées ; cette raison nous a fait penser qu'avant de les expliquer l'une après l'autre, il était à propos d'esquisser à grands traits l'ensemble de notre édifice : l'importance en sera plus facilement sentie, et pourra disposer l'esprit à mieux supporter la sécheresse des détails.

Le but essentiel de notre ouvrage est d'aplanir les obstacles qui s'opposent à la direction des capitaux vers la propriété foncière, aujourd'hui si riche et pourtant si dénuée de crédit. Notre

plan consiste donc en une réorganisation hypothécaire destinée à combler les lacunes du système actuel, et à mettre en saillie tous les
mouvements et toutes les charges de la propriété immobilière.

Il ne nous serait pas possible de résoudre ce
problème, soumis depuis longtemps à toutes les
intelligences, et qui est plus que jamais à l'ordre
du jour, sans emprunter à nos institutions, qui
reposent également sur le sol, les éléments de
publicité, de spécialité et d'évaluation qu'elles
renferment ; car le système hypothécaire n'est
pas autre chose que cela. Il serait parfaitement
constitué par le concours et la bonne ordon-
nance de ces divers éléments.

Nous mettrons donc en jeu, pour imprimer
le mouvement à notre réorganisation hypothécaire, les documents de l'administration actuelle
de l'enregistrement, les écritures cadastrales,
et les matériaux que nous offrent les travaux de
la direction des contributions directes. Nous
sommes persuadé que, par la réunion et la fusion de ces diverses matières, nous parviendrions à fonder un code hypothécaire, d'où
sortiraient à la fois, d'une manière sûre, rapide et peu dispendieuse, tous les avantages
de la spécialité et de la publicité pour les moin-

dres parcelles du sol comme pour les plus grands domaines.

On nous trouvera peut-être bien téméraire de porter la main sur des administrations sanctionnées par le temps et par l'expérience, et d'oser, en quelque sorte, en entreprendre la décomposition et la refonte, pour en faire une œuvre qui ne manquerait pas probablement de soulever des contradictions puissantes et nombreuses. Mais qu'on se rassure : nous ne voulons rien détruire; nous conservons les fondements et les murailles de ces vieux monuments élevés l'un à côté de l'autre, pour les besoins de l'époque, par le génie de nos hommes d'État; seulement, comme le temps et les progrès de l'industrie ont fait naître de nouvelles exigences qu'il faut bien satisfaire, nous voudrions, après avoir longtemps étudié l'architecture de ces ruines, les réparer, puis en former un seul corps mieux distribué et plus convenablement approprié aux nécessités actuelles de l'intérêt public.

Examinons rapidement, pour bien faire comprendre l'urgente utilité de cette restauration, quel est le but du système hypothécaire, et quelle est aujourd'hui la structure de ce corps, qui, suivant la manière dont il sera organisé, disait un magistrat éminent, « donnera la vie

» et le mouvement au crédit public et parti-
» culier, ou bien en sera le tombeau. »

Le régime hypothécaire doit avoir pour effet de consolider les propriétés, de favoriser leur transmission, de déjouer les artifices de la mauvaise foi, de provoquer la confiance, d'attirer ainsi vers l'agriculture les capitaux dont elle a besoin pour féconder le sol, de multiplier les ressources du propriétaire et du fermier par l'abondance des récoltes, d'améliorer la position des classes laborieuses par le travail et le bas prix des denrées, enfin de fournir à l'industrie manufacturière, au meilleur marché possible, les matières qu'elle transforme et procure ensuite à la satisfaction de nos besoins et de nos jouissances. C'est ainsi que la loi hypothécaire concourt à donner à chacun l'aisance et le bonheur de la vie, et qu'elle fonde en même temps la richesse et la puissance de la nation.

Mais pour produire ce grand et beau résultat, le code hypothécaire ne doit pas promettre des sûretés qu'il est incapable de tenir; il ne faut pas qu'il se présente d'un côté comme le meilleur garant des transactions civiles, et que de l'autre, par ses défectuosités et ses lacunes, il tende des piéges que la prudence de ceux qui veulent acquérir des immeubles, ou qui sont disposés à mettre leurs capitaux au service de la propriété dans ses instants de gêne ou dans ses vœux de progrès, ne saurait découvrir. Il ne faut pas que ses combinaisons soient telles, que les lenteurs de la formalité, le volume et l'incertitude des écritures, deviennent une source d'embarras, de retards, et de frais démesurés dans la constitution et la suite des transactions civiles.

Il ne faut pas enfin que les lumières qu'il nous offre, et les sûretés qu'il nous promet, soient à si haut prix, que la petite propriété si nombreuse en France, si laborieuse, si utile au pays, et dès lors si digne de protection, ne puisse y atteindre.

Tels sont cependant les vices du système hypothécaire que nous possédons aujourd'hui.

Maintenant, nulle garantie contre les mille chances d'éviction qui menacent l'acquéreur, peu de sécurité pour les capitaux engagés dans le prêt sur immeubles, retards infinis dans les paiements par la marche embarrassée du mécanisme hypothécaire, par la confusion des personnes et des biens dans les livres de la conservation, par l'inexactitude des certificats, où l'on met souvent sur une tête ce qui regarde l'un ou l'autre de ses nombreux homonymes ; puis, avec tout cela, frais ruineux, ou tout au moins dis-proportionnés à la plupart des affaires.

Ceux de ces inconvénients qui tiennent au fond même de la législation hypothécaire n'ont point échappé à la juste critique des jurisconsultes qui ont écrit sur ce sujet. Tous les ouvrages qui ont paru depuis l'époque où M. Casimir Perrier, cet homme d'Etat célèbre, fit appel à toutes les capacités pour la recherche des moyens les plus propres à relever le crédit de la propriété par le perfectionnement des institutions hypothécaires, ont exposé ces inconvénients avec une exactitude désespérante pour les possesseurs de biens immeubles qui ont besoin d'emprunter ou de vendre.

Tous aussi ont proposé leurs vues de réforme ; mais, sauf quelques modifications secondaires facilement praticables, aucun d'eux n'a formulé un plan d'amélioration réellement capable de répondre aux besoins de la propriété et de l'industrie.

Voyons ce que proposent ces amis de la réforme hypothécaire :

Unanimes sur les dangers du stellionat qui se produit sous mille formes, ils proposent d'exiger la transcription hypothécaire de tous

les actes qui transmettent, attribuent ou modifient la propriété.

Egalement d'accord sur les mécomptes qui
résultent pour les prêteurs de l'invisibilité de
l'hypothèque légale, presque tous demandent
qu'elle soit déterminée, spécialisée, et soumise
à l'inscription comme l'hypothèque conventionnelle.

Tels sont les perfectionnements capitaux
qu'ils sollicitent des pouvoirs législatifs.

Mais, s'ils ont compris la portée de ces demandes et tous les avantages qu'ils s'en promettent, ils ont omis, si j'ai bien lu les mé-
moires dus à leur plume, le tracé d'un plan qui
pût vaincre les difficultés que présente la réalisation de leurs vues.

Et, en effet, la transcription de tous les
contrats de vente, de donation, d'échange, de
partage, de cession d'usufruit, d'établissement
de servitudes quelconques, la transcription de
tous les baux, de tous les actes d'antichrèses,
de toutes les dispositions, en un mot, susceptibles d'influer sur la valeur des immeubles, est
une œuvre impraticable dans un pays comme
le nôtre, où la subdivision incessante de la
propriété, fruit de nos mœurs et de nos lois
sur les successions, multiplie les contrats à

l'infini. Ce serait décupler l'encombrement des registres dont les conservateurs ne savent déjà que faire aujourd'hui, et, à part cet inconvénient, occasionner à la petite propriété seulement, que la pluplart de ces contrats intéressent, un surcroît de dépense d'au moins quatre millions par année; et quatre millions dans de telles mains, c'est le grain de blé qui se multiplie sur sa tige.

Ce serait, d'un autre côté, doubler au moins la liste des noms propres dans les répertoires et les tables alphabétiques du conservateur, et augmenter ainsi les difficultés de la recherche déjà si pénible et si embarrassante par la multiplicité des noms semblables, puis en même temps si dommageable par les erreurs que cette similitude de noms introduit dans les certificats, et qui, en attendant leur rectification, suspendent les paiements et paralysent les avantages de la circulation. On conçoit, en effet, que pour prévenir les dangers de la responsabilité, le conservateur aime mieux accumuler, dans les certificats qu'il délivre, des faits étrangers à la personne objet de la recherche, que d'en omettre un seul.

Quant aux hypothèques légales, vouloir qu'elles soient inscrites sous peine de déchéance, n'est pas résoudre la difficulté que présente cette grave question. La loi du 11 brumaire aussi l'avait tranchée en exigeant cette inscription, mais cet essai ne fut pas heureux ; c'était sacrifier les intérêts de la femme et ceux du mineur à la facilité des prêts. Bientôt l'ordre public, menacé dans sa base par cette immolation, éleva la voix ; et le législateur de 1804, préférant avec sagesse le patrimoine de la femme et du pupille à la sûreté des acquéreurs et des prêteurs, décida que l'hypothèque légale ne perdrait pas sa valeur par le défaut d'inscription.

Ces graves raisons n'ont pas cessé, elles ont conservé toute leur puissance ; elles repoussent impitoyablement tout projet en faveur de l'inscription forcée où ne se trouvera pas l'exposé d'un mode praticable en tout point, et de nature, par la certitude et l'exactitude de l'inscription, à couvrir les intérêts pupillaires et ceux de la femme, incapables de se défendre eux-mêmes, et, par cela seul, dignes d'une protection spéciale.

On voit, par ces explications, que tous les efforts de nos esprits les plus exercés n'ont pas avancé d'un pas la solution de ces graves difficultés. La loi de brumaire, plus logique que le Code de l'an xii, voulait que le mouvement de la propriété ne pût être caché à personne ; elle voulait également que ses charges, quelles qu'elles fussent, légales ou autres, se trouvassent consignées dans un livre public. Pour atteindre ce but, elle n'avait reculé ni devant les embarras et les frais de la formalité, ni devant le sacrifice presque certain des intérêts d'une moitié de la société.

La loi de l'an xii, inspirée au contraire par des idées d'économie dans les frais et par un louable sentiment de moralité et d'ordre social, n'a pas craint d'entraver le crédit de la propriété et les spéculations transactionnelles, en rendant facultative, et par conséquent presque inutile, la transcription hypothécaire, et en rétablissant en partie le système de l'hypothèque occulte.

Maintenant éclairés par les résultats désavantageux de ce dernier expédient, nos réformateurs nouveaux proposent d'en revenir simplement aux errements de la loi de brumaire, c'est-à-dire de retomber encore d'un excès dans un autre.

Et nous aussi nous voulons, mais par un meilleur procédé, que l'hypothèque occulte soit rayée de notre Code hypothécaire, et que non-seulement toutes les mutations de la propriété immobilière, mais encore tous les faits qui peuvent influer sur sa valeur ou intéresser la validité des actes qui s'y rattachent, se révèlent aux yeux de tous par un signe public non équivoque.

C'est précisément pour résoudre ce problème difficile, où se trouve, selon l'heureuse expression de M. Réal, la vie ou le tombeau de notre génie industriel et agricole, c'est pour doubler bientôt la richesse de la France, sa force et son poids dans la balance des destinées des nations, que par d'heureuses combinaisons nous avons imaginé d'incorporer dans notre organisation hypothécaire les formalités de l'enregistrement, les opérations cadastrales et les écritures relatives à l'assiette et à la perception de l'impôt foncier.

Nous sommes en droit d'espérer que les plus zélés conservateurs de l'organisation actuelle voudront bien, en faveur de la solution de ce problème et de ses immenses avantages, nous pardonner les modifications que nous proposons d'opérer dans les rouages des régies financières dont nous venons de parler.

Notre proposition est le fruit de 20 années d'étude et d'expérience, pendant lesquelles nous avons souvent participé aux travaux de la conservation des hypothèques, toujours animé du désir de remédier aux imperfections qui, à chaque instant, frappaient nos yeux.

Que cette proposition se réalise, et nous affirmons que notre nouveau mécanisme hypothécaire, par la facilité de son jeu, la certitude de ses écritures, l'éclat de sa lumière et la modération des frais, laissera loin derrière lui les codes allemands et l'édit milanais, qui, fiers de leur supériorité relative, semblent couvrir d'un superbe dédain le code informe qui nous régit à présent.

Cette pacifique et noble conquête, bien loin de coûter du sang, des trésors et des larmes, serait une cause incessante de prospérité et de félicité publique, qui nous donnerait bientôt une prépondérance que l'envie et la rivalité de notre orgueilleuse voisine ne parviendrait jamais à nous ravir.

Nos combinaisons se trouvent résumées dans l'établissement d'un répertoire au bureau d'enregistrement de chaque canton, où viendraient se grouper avec ordre, sans efforts, et presque sans frais :

1° L'état civil de chaque possesseur d'immeubles, l'âge, l'état d'interdiction, de conseil judiciaire, la privation des droits civils, l'état de faillite, l'absence et le décès;

2° La désignation de chaque commune où se trouvent les immeubles du propriétaire, avec mention de leur revenu imposable;

3° Tous les mouvements de la propriété dans ses mains (acquisitions, aliénations), toutes ses modifications (charges d'usufruit, de servitudes, stipulations de réméré, de retour, etc.);

4° Toute cession de jouissance (baux, antichrèses);

5° S'il est commerçant, son contrat de mariage; s'il est associé, son acte d'association; s'il est séparé de corps ou de biens seulement, les actes qui le prouvent;

6° Les inscriptions hypothécaires à sa charge (légales, conventionnelles ou judiciaires);

7° Les poursuites concernant l'expropriation de ses biens (procès-verbaux de saisie, notifications);

8° A son décès, les biens comprenant sa succession, les noms de ses héritiers;

9° Enfin, l'acceptation ou la renonciation de ceux-ci.

Maintenant il est à propos, selon nous, pour préparer l'esprit aux détails qui donneront un corps à cette ébauche, et que nous déroulerons après ce sommaire, de placer ici quelques mots sur le mode de composition de ce registre-répertoire.

D'un côté, le dépouillement des rôles de la contribution foncière sur des bulletins préparés à cet effet; et de l'autre, des extraits de tous les contrats, dans une forme déterminée, rendus authentiques par la signature et le sceau de l'officier-rédacteur, garantis conformes par l'agent à la fois receveur de l'enregistrement et conservateur des hypothèques, qui les comparerait aux minutes à mesure de l'enregistrement de ces pièces auxquelles ces extraits devraient toujours être joints, viendraient, après que l'enregistrement de ces minutes sur des livres arrêtés chaque jour aurait imprimé à la fois aux conventions des parties date certaine et rang invariable, fournir la matière de toutes les annotations du répertoire, qui est, comme on le voit, la clef de tout l'édifice.

Par ce moyen cesseraient à la fois ces écritures dispendieuses et lentes qui se font à présent dans les bureaux d'hypothèques, les dangers de l'inexactitude de ces volumineuses copies, puis enfin les périls que peuvent entraîner des négligences ou des retards dans la réquisition des formalités hypothécaires.

Tout serait fini pour les intéressés par la présentation au bureau d'enregistrement de la minute de leurs conventions, appuyée, comme nous venons de le dire, d'un simple extrait destiné à rester au bureau, extrait qui aurait le mérite, par la rédaction du notaire et par la collation du receveur-conservateur, d'être plus régulier et moins coûteux que les doubles bordereaux exigés par l'art. 2148 du Code civil, lesquels, outre l'indispensable et préalable enregistrement de la minute, doivent, ce qui est évidemment un double emploi, subir encore une formalité au bureau des hypothèques, souvent établi à une grande distance du point de départ.

Ainsi la publication de tous les contrats susceptibles d'une formalité hypothécaire, de facultative qu'elle est par le mode actuel qui serait supprimé comme rouage inutile, se rattache, par notre nouveau système, à l'enregistrement même des contrats, devient ainsi forcée, et se produit nécessairement dans les dix ou quinze jours du fait, selon la résidence du notaire-rédacteur.

Tout, nous le répétons, serait terminé pour les parties contractantes par la simple réquisition de la formalité de l'enregistrement. Le surplus regarderait l'administration ; c'est sur elle, responsable de ses actes et omissions , que reposerait le soin de tout conserver, de tout publier.

A ce moyen de publicité simple et rapide, mis en action par des ressorts que nous expliquerons plus loin, viendrait se joindre un mode d'estimation des propriétés immobilières , plus sûr qu'une estimation émanée des parties , ou qu'une expertise sujette à mille influences contraires à la manifestation de la valeur réelle, et d'ailleurs impossible au milieu du nombre de parcelles dont se compose chez nous la propriété rurale. Ce procédé, conséquence naturelle de la réunion des rouages de l'enregistrement et des contributions directes, permettrait d'offrir à tout acquéreur des données dignes de crédit sur la valeur de la chose, et à tout prêteur, des notions suffisantes sur le prix du gage proposé. Avec ces éléments récapitulés méthodiquement dans notre répertoire, ce registre deviendrait le bilan général de la propriété , et pourrait dire à quiconque voudrait s'éclairer : Voici l'actif, voici le passif ; prenez vos mesures en conséquence.

Ces notions sur les valeurs sont très-simples ; elles se produisent par le revenu imposable énoncé dans le répertoire, d'après l'extrait des rôles fonciers.

Mais ici se présente une difficulté sérieuse, qui, au premier abord, paraît insoluble : ce revenu n'est pas en rapport avec la valeur vénale, et d'ailleurs il est d'une inégalité palpable dans toutes les matrices cadastrales. C'est, nous en convenons, un inconvénient immense, mais auquel il est heureusement possible de remédier. Notre répertoire permettrait, par ses combinaisons et par les éléments qui doivent s'y grouper, de mettre partout le revenu imposable en rapport avec la valeur vénale de la propriété. Nous expliquerons tout à l'heure ce procédé, qui est simple et très-préférable à ceux qu'on a vainement essayés jusqu'à ce jour.

Disons, en attendant, que la publicité n'est pas l'unique base d'un bon système d'hypothèque. Ce système serait incomplet et peu avantageux, si la spécialité la plus commode et la plus sûre ne s'alliait pas à la publicité.

Pénétré de ce besoin et de l'insuffisance, à cet égard, des méthodes actuelles, nous avons fait entrer dans nos combinaisons ce qui était nécessaire pour que l'identité des immeubles, dans les livres de la conservation et dans la recherche, ne fût plus un objet de doute et d'embarras, et de plus, pour que les grevés d'hypothèques légales ou générales pussent toujours demander et obtenir facilement, par la justification des valeurs, la réduction de ces hypothèques aux seuls biens nécessaires à leur sûreté. On se souviendra que, par notre nouveau système, les hypothèques légales, hypothèques dont la cause existe nécessairement dans un acte ou dans un fait toujours soumis à la formalité de l'enregistrement, seraient publiées comme les autres hypothèques, et cela d'office, par les agents mêmes de l'administration. Ce résultat nous semble assez beau pour vaincre les obstacles qui pourraient s'opposer à la réorganisation administrative que nous proposons.

Mais les défectuosités du code hypothécaire en vigueur ne sont pas les seuls obstacles à la direction du numéraire vers la propriété territoriale.

L'inégalité de l'impôt foncier, qui en aggrave le poids déjà si lourd par lui-même, l'inégalité de cet impôt toujours établi, abstraction faite de la dette hypothécaire dont l'intérêt peut souvent absorber le revenu de l'immeuble, concourt aussi à refroidir le goût de la propriété et de l'industrie agricole.

D'un autre côté, le taux démesuré des droits

de mutation , en imposant aux parties contractantes un droit énorme qu'elles cherchent naturellement à diminuer par des simulations de
prix qui atteignent et blessent souvent les droits
des créanciers , est une autre cause de répul-
sion pour le prêt sur immeuble, et, par conséquent, une entrave de plus au développement de
l'agriculture, de cette grande fabrique où viennent s'alimenter toutes les autres industries.

Cette inégalité d'impôt , ces déguisements de
prix, dont les conséquences ne sont pas moins
fâcheuses que les vices hypothécaires, appellent,
comme ceux-ci , un remède efficace et prompt.
Ce remède se trouverait également dans les combinaisons du plan que nous livrons à l'appréciation de l'opinion publique.

L'établissement de notre livre-répertoire dans
chaque bureau, où il serait, nous en sommes
sûr, favorablement accueilli par les employés,
dont il abrégerait des écritures qu'ils font aujourd'hui avec répugnance, parce qu'ils y trouvent plus de fatigue que d'utilité réelle, offrirait
dans peu d'années, par un simple dépouillement, travail de quelques heures à la fin de
l'exercice, le rapport moyen du revenu imposable actuel avec tous les prix de vente ; et ce
rapport , établi sur une base large, deviendrait

l'échelle authentique de la péréquation générale de ce revenu, lequel, fixé à trois pour cent, par exemple, de la valeur vénale, pourrait, ainsi que nous l'avons dit plus haut, servir de boussole dans les placements sur immeubles et dans la spécialisation des hypothèques générales, puis devenir en même temps la base du nivellement de l'impôt.

Ce nivellement une fois obtenu par une gradation lente et ménagée, pour ne pas blesser trop profondément ce que nous appelons improprement des droits acquis, il serait facile de passer de l'impôt de répartition à l'impôt de quotité, c'est-à-dire à la fixation par un simple article de la loi, du nombre de centimes que le revenu imposable devrait supporter dans toute l'étendue du royaume.

C'est ainsi que peut s'atteindre le but que s'étaient proposé les fondateurs du cadastre, et que cette institution prise isolément ne parviendrait jamais à rendre accessible.

La péréquation du revenu imposable aurait, de plus, l'inappréciable avantage de rendre inutiles les simulations de prix de vente dictées aujourd'hui par l'esprit de fraude, et de cicatriser par conséquent cette plaie désastreuse, qui blesse à la fois la moralité publique et une foule d'intérêts généraux ou particuliers. Rien n'empêche, en effet, que ce revenu ne devienne la base de perception du droit d'enregistrement établi sur les mutations de biens immeubles. Cette nouvelle supputation de la taxe, en ôtant aux parties contractantes la possibilité d'en fixer elles-mêmes l'assiette, délivrerait le pays d'une calamité réelle.

Nous n'avons plus qu'un mot à dire pour compléter l'esquisse de notre plan, et donner une idée générale de l'enchaînement des parties dont il se compose. Ce mot concerne la confection des listes électorales, pivot de notre édifice politique et de ses hautes destinées.

Le répertoire est conçu de manière à offrir au premier coup d'œil le revenu imposable de chaque propriétaire, en quelque lieu que ses biens soient situés, et à révéler par ce revenu, au moyen de la fixation du centime pour franc, le montant général de sa contribution foncière. En ajoutant à ce résultat le montant des autres contributions directes, dont le chiffre se trouve sur un seul rôle placé sous la main de l'autorité locale, la régularité et l'exactitude des listes ne pourraient plus être un objet de doute, et il serait toujours facile de modifier ou de compléter ce document politique sans l'intervention des censitaires.

Maintenant, qu'il nous soit permis, pour mieux attester l'urgence de ces améliorations , de présenter rapidement le tableau des charges, et par conséquent des besoins de la propriété immobilière.

D'après les documents officiels, le revenu territorial et foncier serait d'environ 1,600 millions pour le propriétaire.

L'impôt, ordinairement de 250 millions, représente donc un peu plus du 1/7 du revenu. Si cette taxe pesait seule sur la propriété, nous ne la plaindrions pas ; mais elle a malheureusement bien d'autres charges, dont il serait fort injuste de ne pas lui tenir compte.

La plus forte partie du droit d'enregistrement se prélève aussi sur sa valeur. C'est pour les mutations seulement un objet de plus de 90 millions.

Ajoutons les droits de timbre, les droits d'hypothèques, les honoraires relatifs à la rédaction et à l'expédition des contrats de mutation et de prêt hypothécaire, et nous aurons encore au moins 90 millions.

Ce n'est pas tout : la propriété comme l'Etat

a une dette énorme, toujours croissante, et dont il faut bien qu'elle solde chaque année l'intérêt; et cet intérêt, calculé sur un capital réel de dix milliards au moins, n'est pas au dessous de 500 millions (1).

Cela fait donc, en comptant la contribution foncière, l'enregistrement, le timbre, les droits d'hypothèques, les honoraires des contrats et l'intérêt de la dette, sans parler d'une foule de prestations qui naissent sous toutes les formes, 930 millions, c'est-à-dire plus de 58 %₀ du revenu brut.

Cette disproportion entre le revenu et les charges est la cause principale de l'infériorité de notre agriculture sur celle de nos voisins, et, si l'on n'y remédiait pas, nos produits agricoles ne pourraient soutenir la concurrence des

---

(1) Longtemps avant la publication du relevé officiel qui élève à 11,233,000,000 la dette hypothécaire inscrite sur les livres de la Conservation, j'en avais fait le calcul pour le département d'Indre-et-Loire; et, en comparant les droits d'hypothèque annuellement perçus dans cette direction avec le produit de cet impôt pour toute la France, j'en avais conclu, à l'aide d'une règle de trois, que la totalité de la dette pouvait être d'environ 10 milliards. Je ne crois pas qu'elle dépasse cette somme; car il y a dans le relevé général opéré par l'administration une partie de cette dette qui doit être regardée comme factice : les intérêts non échus, les créances éventuelles, etc.

leurs qu'en maintenant un droit énorme d'importation : triste nécessité, qui entraîne naturellement une réciprocité fâcheuse pour notre industrie nationale !

Le seul, ou du moins le plus sûr moyen de faire sortir notre agriculture de l'ornière où elle se traîne misérablement depuis des siècles, est de lui procurer le numéraire dont elle a besoin pour perfectionner ses méthodes, fertiliser le sol, traverser les années stériles, sans être obligée de vendre, pour vivre, ses instruments de travail, ou pour attendre dans les années abondantes le moment favorable au débit de ses denrées, que, trop souvent pressée par des créanciers persécuteurs, elle est forcée de donner à vil prix.

La propriété foncière trouverait facilement des capitaux pour atteindre au plus haut degré de prospérité, quand on aurait relevé son crédit par les améliorations dont nous venons d'esquisser le plan, et surtout par l'adoption d'un mode de transmission des créances hypothécaires, analogue à celui des rentes sur l'Etat, et qui, permettant aux prêteurs d'accorder de longs termes, puisse laisser aux débiteurs le temps de réaliser des bénéfices pour le remboursement du capital.

Nous consacrerons un chapitre de cet ouvrage à l'explication de cette idée, dont la réalisation est très-simple et surtout très-facile.

Une autre considération très-puissante milite encore en faveur de l'exécution prochaine de ces importantes réformes : c'est la réduction de la rente cinq pour cent, qui doit nécessairement s'opérer un jour. Pour que cette grave mesure, sollicitée par le vœu public, soit exempte du reproche de dureté envers les rentiers, et ne devienne pas une mine féconde d'agiotage, la source d'une foule d'opérations irréfléchies et ruineuses, ne convient-il pas de procurer aux rentiers l'occasion de placer d'une manière avantageuse pour eux, et fructueuse pour l'exploitation agricole, les capitaux qu'ils voudront retirer du grand-livre? Ce moyen leur manquerait si les imperfections actuelles de notre code hypothécaire ne disparaissaient pas complétement; car c'est à grand'peine si aujourd'hui les notaires des localités importantes trouvent place pour les capitaux dont ils peuvent disposer; non pas que les demandes ne soient nombreuses, mais parce qu'on exige, indépendamment des sûretés hypothécaires actuelles, déjà si pleines de difficultés par des justifications quelquefois impossibles faute de pièces et de titres complétement réguliers, une garantie morale que la plupart des emprunteurs ne sauraient fournir, parce qu'elle ne peut, chose difficile, se fonder que sur la connaissance des individus. Il en résulte que les demandes sont repoussées, et que les capitaux restent sans placement.

La réduction de la rente ferait donc vainement refluer le numéraire dans les départements ; ce reflux ne pouvant rien ajouter à la sûreté des garanties offertes par l'emprunteur, les prêts sur immeubles n'en seraient ni plus faciles, ni plus nombreux. La différence, s'il y en avait, serait du moins fort peu sensible.

Nous terminerons ici ce préliminaire, qui aura parfaitement rempli nos intentions, s'il a pu disposer le lecteur à continuer son attention aux dissertations et moyens que nous allons présenter dans l'ordre suivant :

Réunion de la direction des contributions à l'enregistrement.

Contribution foncière. — Nivellement du revenu imposable. — Cadastre.

Enregistrement et vénalité des offices.

Système hypothécaire.

Ces divisions principales formeront chacune

l'objet d'un titre distinct divisé en chapitres et en paragraphes, selon le besoin ou la clarté de la proposition. On trouvera dans chacun la substance des articles de loi et des articles réglementaires que nécessiterait l'exécution du projet. Nous avons pensé que le soin de formuler convenablement ces articles, et de les coordonner avec les dispositions relatives de nos codes et de nos règlements actuels, devait être laissé à une commission nommée sous l'influence du Gouvernement, et composée d'hommes spéciaux les plus experts.

Il est probable que le Gouvernement pensera que ces importantes propositions méritent examen, et qu'il s'en occupera sérieusement, si l'opinion publique, éclairée sur les fruits avantageux qu'elles promettent, les protége de son appui.

Nous ne croyons pas nous faire illusion en disant qu'elles ouvriraient une large voie au progrès administratif, et, par une conséquence naturelle, au progrès de la richesse nationale. Nous ne saurions trop engager les hommes éclairés et sincèrement amis de leur pays à diriger de ce côté les conseils et les efforts de leur intelligence, bien plus que du côté des questions brûlantes de personnes et de politique, qui ne sauraient, en nous divisant, que nous retenir dans les liens de la faiblesse et de l'impuissance, questions dont la solution pacifique et glorieuse naîtrait infailliblement du progrès de nos institutions administratives, financières et civiles, source abondante de richesse, d'influence et de force.

TITRE PREMIER.

Réunion des contributions directes à l'administration de l'enregistrement et des domaines.

———

La contribution foncière, la plus grande partie du droit d'enregistrement, le système hypothécaire, toutes ces choses ont une seule et même base qui est le sol. Ces branches d'administration financière et civile sont naturellement appelées à se prêter un mutuel secours, à s'éclairer l'une par l'autre, à se venir en aide. Ainsi, pour prendre quelques exemples dans l'ordre actuel des travaux de l'administration, ce sont les receveurs de l'enregistrement qui, à des époques périodiques, fournissent à MM. les contrôleurs des contributions de longs et fatigants relevés d'enregistrement destinés à leur rendre plus faciles la recherche et le recueil des mutations qui viennent chaque année modifier les matrices et les rôles. Ce sont, à leur tour, les contrôleurs des contributions, qui vont de bureau en bureau puiser dans les registres des receveurs des notes sur les prix de vente d'immeubles, et sur les prix de baux à ferme ou à loyer, tantôt pour les évaluations cadastrales, tantôt pour l'examen de certaines réclamations, tantôt pour l'assiette de la contribution mobilière. Une autre fois, ce sont les receveurs qui doivent se transporter chez les percepteurs, pour prendre dans les rôles les noms et le revenu des propriétaires, et composer ensuite avec ces matériaux un sommier dont la tenue leur est prescrite par des ordres de service, et dans lequel ils introduisent les modifications que subissent les rôles, en vertu des acquisitions et des ventes qui se font chaque année. Ce sont, enfin, MM. les directeurs des contributions qui font passer aux receveurs, par l'intermédiaire de la direction de l'enregistrement, les feuilles de mutations établies sur la déclaration des nouveaux possesseurs, pour que les receveurs vérifient et s'assurent si ceux-ci ne seraient pas devenus détenteurs en vertu d'un titre non enregistré.

On conçoit quelle perte de temps, quel embarras, quelles entraves dans le service résultent nécessairement de ces communications, de ces déplacements perpétuels, que la fusion des deux administrations en une seule rendrait superflus, ainsi que nous aurons l'occasion de le faire remarquer plus d'une fois dans le cours de cet ouvrage.

Cette fusion administrative est indispensable, si l'on veut que les précieux documents que renferme cette double administration puissent se coordonner, et concourir efficacement aux immenses résultats que nous avons récapitulés dans l'introduction. Car, il ne faut pas se le dissimuler, les employés d'administrations différentes ont naturellement peu de disposition à s'entr'aider, et les travaux subordonnés aux renseignements qu'ils doivent attendre l'un de l'autre sont presque toujours tardifs, inexacts, incomplets ; tout cela devient un sujet continuel de plaintes réciproques, et un obstacle aux bons effets de l'administration.

Voici un exemple des tristes résultats du cercle vicieux dans lequel l'administration des contributions directes est obligée de se mouvoir. La loi du 21 avril 1832 a prescrit une nouvelle répartition de la contribution mobilière entre les départements : persuadé, à juste titre, que la meilleure base de répartition se trouvait dans la valeur locative, le gouvernement a chargé l'administration des contributions directes de constater cette valeur par des renseignements pris dans les baux et dans les actes de vente, de partage et d'expertise. Cette administration, dont nous nous empressons de reconnaître ici l'intelligence, la capacité, le zèle, n'ayant pas, dans les archives qui lui sont propres, les documents qui devaient servir de base à son travail, s'est donné beaucoup de mouvement, beaucoup de peine et de soins pour accomplir cette tâche, en allant de bureau en bureau d'enregistrement feuilleter et dépouiller les registres qui s'y trouvent. Qu'est-il sorti de cette lente investigation des relevés peu nombreux, et par cela même peu concluants? Nous ignorons quel est, à l'heure présente, le résultat de ce long et fastidieux travail ; mais il nous semble que le vœu de la loi n'est pas encore entièrement réalisé.

Eh bien ! avec le répertoire ou livre d'ordre dont on a le modèle sous les yeux, il n'eût pas fallu dix jours à l'administration de l'enregistrement pour relever, récapituler et transmettre au ministre des finances, par tableaux exacts et complets, la comparaison des loyers avec les prix de vente, et de l'un et de l'autre de ces renseignements avec le revenu imposable actuel de toutes les maisons louées ou vendues par acte enregistré. L'administration, on le répète,

eût pu faire cette opération dans ce bref délai ,
c'est-à-dire en moins de temps que n'en exigent une foule de renseignements écrits que
les receveurs sont obligés de fournir d'époque
en époque à MM. les agents des contributions ;
et cette tâche, elle eût pu la remplir, nous in-
sistons sur ce point, avec une exactitude, une
généralité que ne sauraient offrir les résultats
fournis par ces agents , quels que puissent être le
mérite et l'activité que nous leur reconnaissons
volontiers, parce que l'étendue et la disposition
des écritures qu'ils ont pu consulter ne se
prêtaient pas à une semblable opération.

Mais la réunion en un seul corps de ces
deux administrations, mesure à la fois si profitable au trésor par la réduction des frais de
service, et si favorable à la célérité et à l'exactitude des opérations, actuellement si lentes et
si incomplètes, par les raisons que nous venons
de citer, ne présente-t-elle pas, d'un autre côté,
des inconvénients capables de balancer tous ces
avantages ?

Des inconvénients, nous n'en voyons qu'un
seul, le froissement des intérêts personnels qui
résulterait de la suppression nécessaire de la
direction, de l'inspection et du contrôle des
contributions directes. Nous convenons que

c'est une immolation fort dure, fort déplorable ;
mais, dans notre conscience, elle est commandée
par le bien du service et par l'intérêt général,
devant lesquels doivent fléchir toutes les considérations personnelles. Toutefois, à côté du
sentiment d'affliction qui s'attache nécessairement à une proposition aussi douloureuse, se
trouve une pensée consolante : c'est que le gouvernement et les chambres n'hésiteraient pas à
donner à ceux qui ne pourraient entrer dans les
nouveaux cadres, une pension de retraite digne
de leurs services et de la générosité du pays.
On reculerait d'autant moins devant cet acte de
loyauté et de justice, que leur nombre serait
peu considérable ; car la plupart des agents
supprimés, capables par leur instruction, leur
âge et leur activité, de rendre encore de bons
services, trouveraient facilement place, à mesure des vacances, dans les recettes particulières
des finances, dans les perceptions importantes
des contributions directes, et surtout dans la
conservation cadastrale dont l'établissement,
depuis longtemps réclamé par le vœu public,
fera l'objet d'un chapitre de cet ouvrage. Il y
aurait, de ce côté, création d'environ 3,000
emplois, pour 900 à peu près qui seraient supprimés par la nouvelle organisation. C'est ,

comme on le voit, une large compensation qui pourrait donner satisfaction à la plupart des intérêts lésés, et récompenser d'anciens et laborieux services dans la confection du monument cadastral dont nous recueillerions les fruits par notre nouveau système.

Nous cherchons vainement, dans la réunion de ces deux rouages, des inconvénients d'un autre genre, tandis que de tous côtés on en voit surgir de grands avantages. Passons en revue les travaux de l'administration actuelle, afin de mieux fixer l'opinion publique sur les suites de la mesure que nous proposons.

Les écritures relatives aux matrices et aux états de sections! Ce sont des opérations matérielles et très-simples à la portée d'un commis, et qui se feraient aussi bien dans les bureaux de la direction de l'enregistrement, que dans les directions actuelles des contributions directes. Le recueil des mutations annuelles! Il sortirait tout naturellement de l'enregistrement des contrats et des extraits joints aux minutes pour le service hypothécaire, et serait par conséquent plus prompt, plus sûr et plus complet qu'il ne l'est à présent, puisqu'il est notoire que des contribuables nombreux, dépossédés depuis longtemps en vertu d'actes authentiques, restent néanmoins inscrits dans les rôles, comme s'ils étaient encore **propriétaires**. La formation des rôles ! Elle serait d'autant plus facile et prompte, que les feuilles de mutations pourraient, à la rigueur, se transmettre de 10 en 10 jours à l'agent chargé de faire dans les matrices les changements nécessités par les mutations, et que, par cette rapidité, les états récapitulatifs où les faits pourraient être groupés à mesure de la réception de ces feuilles, seraient toujours complets et toujours prêts au jour fixé pour le renouvellement des rôles.

Il n'y aurait pas non plus de difficultés qui ne s'aplanissent devant l'organisation nouvelle, en ce qui touche le recensement des portes et fenêtres, le personnel, le mobilier, les patentes. Ces diverses opérations se distribueraient aisément entre les percepteurs, les receveurs d'enregistrement, et surtout les géomètres cantonaux, que les opérations cadastrales amèneraient à des époques périodiques dans les communes de leur ressort, où ils pourraient en même temps se livrer avec succès aux travaux de recensement qui leur seraient prescrits.

L'administration des contributions directes, il est vrai, a d'autres obligations à remplir :

l'examen et l'instruction des réclamations des contribuables touchant les surtaxes, les pertes de propriété, de bestiaux, de récoltes, etc., sur lesquelles le conseil de préfecture et l'autorité supérieure peuvent avoir à statuer.

Ces attributions pourraient être remises aux directeurs de l'enregistrement sans péril aucun; appelés à traiter chaque jour des affaires plus difficiles que ces simples questions de fait, ils ne seraient pas au dessous de cette nouvelle tâche. Ils en ont rempli d'aussi importantes qui n'ont pas nui à la marche de leurs travaux ordinaires : la gestion de cette masse de biens nationaux maintenant aliénés, la liquidation de l'indemnité des émigrés, et auparavant le service forestier, etc., etc. Ces directeurs trouveraient d'ailleurs, dans les employés de tous grades placés sous leurs ordres, un concours qui ne leur manquerait pas, et qui leur procurerait toujours avec intelligence et célérité les nombreux et utiles moyens d'examen, de comparaison, d'appréciation que renferment les livres de l'enregistrement; moyens qui, dans l'organisation actuelle, manquent aux directeurs des contributions directes ou ne leur parviennent que lentement et presque toujours inexacts, soit qu'ils les fassent lever par des contrôleurs ou des inspecteurs à leurs ordres; soit qu'ils les obtiennent par l'entremise des receveurs d'enregistrement, lesquels, on est obligé de le dire, ne se livrent qu'avec une sorte de répugnance à des travaux qu'ils regardent comme étrangers à leur administration.

Ils ont tort, sans doute, mais le mal n'en existe pas moins; et il est sans remède, parce qu'il prend naissance dans ce qu'on appelle l'esprit de corps, et qu'il a sa source dans ce sentiment de rivalité qui éclate partout, dans l'administration comme ailleurs. On obéit volontiers à son chef naturel; mais on se roidit contre des ordres qui viennent d'une autre source; et l'on trouve toujours un expédient pour les éluder ou tout au moins pour en différer l'exécution.

Pour atteindre sûrement le but que nous poursuivons, nous pouvons le dire, avec la seule pensée du bien public, puisque nous touchons au terme de notre carrière, il est nécessaire, indispensable, dans notre conviction intime, justifiée par une longue étude des faits, de fondre ces trois branches d'administration, contributions directes, cadastre, enregistrement et domaines, en un seul corps, dirigé par un chef unique ayant sous ses ordres un seul directeur par département.

Par cette mesure, on obtiendrait incontestablement dans les dépenses publiques une réduction digne de l'attention des Chambres, et, ce qui vaut beaucoup mieux encore, exactitude, célérité, succès dans l'action des rouages administratifs; car quelques millions répartis sur l'universalité des contribuables pèsent très-faiblement sur le bien-être individuel, tandis que des entraves et des retards dans l'expédition des affaires ralentissent la circulation des capitaux, et deviennent pour l'industrie une source de dommages incalculables.

TITRE II.

Contribution foncière.

Cette taxe, assise sur le revenu net des propriétés bâties et non bâties, occupe, comme on l'a dit bien des fois, le premier rang dans nos impôts, par son importance comme par son ancienneté. Elle est, par sa fixité et son abondance, la plus sûre garantie de la régularité des services publics. Comme tout impôt qui alimente régulièrement le trésor de l'État, elle est une source de vie, de force, de puissance nationale, le gage de l'ordre intérieur, et l'appui le plus solide de notre indépendance extérieure. Mais il ne faudrait pas, malgré ces admirables résultats, pousser l'exagération jusqu'à la regarder comme le plus parfait des impôts ; car le bien qu'elle produit est diminué de beaucoup par celui qu'elle empêche ; elle nuit nécessairement aux progrès de l'agriculture et au bien-être du consommateur, en

augmentant démesurément les frais de production.

Des esprits peu habitués à réfléchir sur les
conséquences des impôts ont trouvé que la
contribution foncière n'était pas aussi forte
proportionnellement que les impôts assis sur
la consommation, et qu'il serait conforme à la
raison publique de rejeter sur la propriété
immobilière une part un peu plus lourde des
sacrifices de la société.

Ce serait une imprudence, pour les intérêts
même de la classe laborieuse, qu'on a la prétention de protéger en émettant ce vœu ; car
l'état de gêne de la propriété la mettrait évidemment dans l'impuissance de multiplier les
travaux qui la fécondent, et de pourvoir efficacement à l'existence des millions de bras qu'elle
occupe. Comme sa prospérité est la source la
plus évidente et la plus féconde du bien-être
général, l'on ne saurait trop, dans notre opinion du moins, modérer les sacrifices qui
peuvent nuire à son développement.

La contribution foncière a d'ailleurs deux
graves inconvénients : l'un, auquel il est impossible de remédier, et qui, par cela seul, exigerait
une grande sobriété de taxe, c'est que cet impôt

est assis sans déduction des charges de la propriété, notamment de la dette hypothécaire; charges et dette écrasante, dont on a vu le tableau dans l'exposé préliminaire. Sous ce rapport, il est d'une déplorable inégalité; toujours plus ou moins fort, selon la position particulière du contribuable, il précipite la ruine du propriétaire obéré, ou le met au moins dans l'impuissance de faire fructifier sa propriété, au préjudice non-seulement de son intérêt particulier, mais encore de l'intérêt général.

La position de ce contribuable ne saurait évidemment se balancer avec celle du propriétaire exempt de créanciers, car celui-ci perçoit un revenu complet, tandis que celui-là, bien moins propriétaire réel que simple gérant du capital d'autrui, récolte à peine l'intérêt de sa dette; et cependant le prélèvement qui s'exerce à titre d'impôt sur les fruits récoltés est absolument le même pour l'un et pour l'autre. Ce n'est pas là une répartition conforme aux facultés de chacun, ni l'accomplissement réel des promesses de la Charte.

Le second inconvénient se trouve dans l'inégalité de la répartition entre les différentes localités. Mais si celui dont nous venons de dire

quelques mots paraît irremédiable, ce dernier
du moins pourrait céder au moyen de peréquation que nous allons expliquer dans le chapitre
suivant.

———

CHAPITRE PREMIER.

REVENU IMPOSABLE, SON NIVELLEMENT, ET PERÉQUATION DE L'IMPOT.

L'Assemblée constituante, qui, en 1791, établit cette contribution sur de nouvelles bases,
comprit la nécessité d'une répartition uniforme
et égale pour tous, guidée qu'elle était par le
principe alors plein de force que les hommes,
égaux devant la loi, devaient participer aux
charges publiques dans la juste proportion de
leur revenu. Ses premiers efforts furent donc
dirigés vers ce but ; mais ils eurent peu de succès, et des réclamations protestèrent de toutes
parts contre l'inégalité, soit de département à
département, soit de commune à commune, soit
de propriétaire à propriétaire, qui frappait tous
les yeux.

Touché de ces réclamations évidemment fondées, le gouvernement ordonna en 1804 la re-

fonte générale des matrices de rôles, et prit les mesures les plus convenables en apparence pour obtenir des propriétaires la déclaration exacte de leur propriété et de leur revenu.

Cette mesure n'eut pas non plus de résultat satisfaisant, et elle ne pouvait en avoir ; l'intérêt du contribuable devait nécessairement l'éloigner d'une révélation sincère : l'expérience de tous les temps est là pour prouver combien l'homme est enclin à se décharger sur autrui, autant qu'il le peut, du fardeau que l'intérêt social impose à tous.

Alors se renouvela, plus vive que jamais, la pensée du cadastre, manifestée en 1791 par l'Assemblée constituante, et qui précédemment avait occupé l'esprit de Colbert et celui de plusieurs hommes d'état.

Le cadastre, dont le projet paraissait effrayant, moins par son exécution en elle-même que par les frais considérables qu'elle devait engendrer, fut entrepris, mais seulement pour 1,800 communes choisies sur divers points du territoire, espérant qu'on parviendrait, par voie de rapprochement et de comparaison, à déterminer les forces imposables des autres communes.

Après cette tentative, qui ne réussit pas mieux

que les précédentes, de nouveaux essais eurent encore lieu, qui ne furent pas beaucoup plus heureux.

On voulut procéder, sur toute l'étendue du territoire, à l'arpentage des masses, et tâcher de remplir ces cadres par les déclarations des propriétaires ; mais il arriva que la plupart, malgré les efforts de l'administration pour obtenir la vérité, dissimulèrent les contenances, et que, quand on eut additionné ce dont chacun avait dit être possesseur, on fut loin d'arriver à une somme égale à celle que présentait le plan de masse.

Éclairé par l'inutilité de ces épreuves, on prit la résolution d'établir le cadastre parcellaire. C'était, en effet, le moyen infaillible de parvenir à la connaissance exacte des propriétés de chacun, et d'assujétir à l'impôt les parcelles que de fausses déclarations y avaient soustraites.

Mais un devoir restait à remplir pour compléter cette vaste entreprise : c'était de classer une à une les nombreuses parcelles, d'après le degré de fertilité du sol, puis d'évaluer le produit net de chacune d'elles.

Ces évaluations, destinées à mettre au jour le revenu de chaque propriétaire, devaient, additionnées par commune et par département, révéler les forces respectives de chacune de ces circonscriptions, devenir entre elles la base d'une répartition exacte, et préparer les moyens de transformer bientôt la contribution foncière en impôt de quotité, dernier degré de perfection où puisse atteindre cette branche du revenu public.

On entend par impôt de quotité celui qui, par l'addition des cotes individuelles, forme le montant total de la contribution. Le contingent en est fixe pour chaque contribuable, mais le produit général en est éventuel ; le trésor n'en connaît le montant qu'à l'expiration de l'année ; au lieu que, dans l'impôt de répartition actuellement en vigueur, le produit général est invariable : le trésor doit le toucher, quoi qu'il arrive ; mais la proportion en est incertaine pour chaque imposé.

Il y a dans l'impôt de répartition une véritable solidarité, puisque ce qui tombe en non-valeur d'un côté doit être payé de l'autre par voie de réimposition.

Dans l'impôt de quotité, au contraire, chaque cote est indépendante ; dès qu'elle est acquittée, le contribuable ne doit plus rien : les non-valeurs sont pour le compte du trésor.

Mais si les pertes qui résultent de l'insolvabilité des contribuables ou de l'anéantissement d'une partie des revenus tombent à la charge du trésor, celui-ci profite, en revanche, de la contribution assise sur les revenus nouvellement créés. En un mot, le produit *total* de l'impôt de quotité augmente ou baisse, suivant les variations des revenus imposés.

Cette théorie était évidemment séduisante ; mais les évaluations ne se font pas à la chaîne, comme l'arpentage : il faut pour cela de grandes connaissances locales, beaucoup d'intelligence, une conscience inflexible ; et ces qualités se trouvent difficilement dans la plupart des experts.

Aussi, quelque soin qu'on ait pris, et, à cet égard, l'administration a épuisé toutes les combinaisons de son génie, les résultats n'ont-ils pas répondu aux brillantes espérances qu'elle en avait conçues.

Des experts, quoi qu'on fasse, ne parviendront jamais à niveler le revenu de la propriété entre les communes et les départements. Dominés par la peur de payer trop d'impôt, les contribuables sauront toujours traverser les opérations de l'expertise, soit en abusant de l'incapacité des experts, soit en exerçant sur eux une influence quelconque. Les résultats, à quelque phase de cadastre qu'on veuille les rattacher, en offrent des preuves convaincantes, à tel point que les conseils chargés de la répartition sont obligés, pour fixer le contingent des communes, de puiser dans leurs connaissances locales une règle de justice qu'ils chercheraient vainement dans l'énonciation du revenu imposable porté dans les matrices.

Ce qu'on est parvenu à obtenir par les méthodes actuelles, après mille essais infructueux, c'est le chiffre exact des contenances, et un classement des qualités du sol, qui font que, malgré les différences du revenu imposable, comparé au revenu réel, les propriétaires supportent, dans une proportion moins injuste entre eux, la part que le travail de répartition impose à leur commune.

Il est indifférent, en effet, que le revenu imposable soit fixé à moitié, au tiers, au quart, plus ou moins, du revenu vrai, pourvu que la même échelle s'étende à toutes les parcelles de la même commune. La répartition individuelle, dans ce cas, n'en est pas moins bien proportionnée.

Mais avec ces variantes dans l'appréciation des revenus, produit des craintes plus ou moins vives que la main du fisc inspire aux appréciateurs, il est visiblement impossible de songer à une péréquation sortable entre les diverses circonscriptions territoriales.

Le Gouvernement l'a si bien reconnu, qu'en 1819, lorsqu'il fut question de corriger par un dégrèvement les inégalités les plus choquantes de l'impôt, il a cherché, ne voulant pas s'en remettre aux évaluations du cadastre, à découvrir, par des relevés de ventes et de baux dans les bureaux d'enregistrement, quel pouvait être le rapport entre la contribution et la valeur du sol.

Mais ces relevés peu nombreux, inexacts, et faits à la hâte, ne contenaient pas les détails nécessaires pour être mis en comparaison parfaite avec la contribution des biens vendus ou affermés.

Etablie sur des proportions si étroites, cette opération ne pouvait offrir que des aperçus d'une exactitude contestable, dénuée, par conséquent, de l'influence morale indispensable pour vaincre les difficultés de la péréquation, et surtout la résistance que cette entreprise, liée à des intérêts si opposés, éprouvera toujours du côté de ceux qui jouissent du privilége heureux de payer moins cher une protection cependant égale pour toutes les propriétés.

Aussi cette mesure n'a-t-elle produit qu'un léger redressement : l'administration n'a point osé aborder franchement la difficulté ; et les départements surtaxés n'ont reçu pour soulagement qu'une part plus forte du dégrèvement que l'état prospère des finances a permis d'opérer sur la masse de la contribution.

Depuis cette époque, il n'a plus été question de l'établissement de l'égalité proportionnelle ; la fixité de l'impôt paraît, au contraire, avoir obtenu les préférences de l'administration, qui a semblé craindre, en poussant plus loin la réparation de l'inégalité actuelle, de troubler les possessions qui ont pu s'établir et se combiner, lors des achats, sur le taux plus ou moins élevé de la contribution.

Mais ce motif ne nous semble pas en rapport avec les principes de notre ordre politique, ni avec les règles invariables de la justice.

En affectant le revenu qui est ordinairement ce qu'on recherche le plus dans les acquisitions d'immeubles, le chiffre plus ou moins élevé de la taxe foncière a pu sans doute entrer pour quelque chose dans la supputation du prix ; mais

ce serait une erreur de croire que cette combinaison exerce une influence générale de quelque
importance sur les mutations immobilières à
titre onéreux. A moins de connaître parfaitement les lieux et les qualités réelles du sol,
ceux qui effectuent des placements en biens immeubles sont enclins à regarder la modicité de
la contribution comme un signe de la médiocrité
du fonds, et presque toujours ils s'en prévalent
avec succès pour obtenir l'abaissement du prix !
De nombreux exemples pourraient prouver, au
besoin, que généralement les prix d'acquisition
sont plus élevés, à revenu brut égal, pour les
propriétés dont l'impôt est le plus fort. Considéré sous ce point de vue, le nivellement dont
nous parlons acquiert un nouveau degré de nécessité et de justice. Au surplus, la totalité du
sol, à beaucoup près, n'a pas été transmise sous
la foi de semblables calculs, et l'on ne saurait se
prévaloir de ce prétexte trop frivole pour maintenir à toujours l'inégalité de cette partie des
charges de la société.

D'ailleurs, y a-t-il rien d'aussi variable que
la valeur vénale de la propriété ? Son revenu
n'est-il pas également susceptible de se modifier
ou de s'accroître par mille circonstances diverses, telles que la création de routes et de

canaux, le rapprochement des intérêts, l'introduction de quelque changement dans le mode
de culture, sans parler de bien d'autres causes?
et faudrait-il qu'au milieu de ce mouvement
perpétuel qui doit enrichir des contrées, peut-
être au détriment de quelques autres, et à l'aide
de travaux publics payés en grande partie par
les propriétaires surtaxés, la base de l'impôt
restât éternellement la même, par le seul motif
que des acquisitions ont pu être basées originairement sur quelques francs d'impôt de plus
ou de moins? De grandes et utiles mesures d'intérêt public et de justice sociale ne doivent pas
fuir devant le froissement de quelques intérêts
individuels ou locaux.

Nous croyons donc que les raisons d'équité
et de sage politique qui militent en faveur du
nivellement de la contribution foncière par une
gradation convenable, sont trop puissantes pour
que le gouvernement ne persévère pas dans
l'œuvre réparatrice qu'il a commencée à une
autre époque.

Pour parvenir à ce nivellement, il est nécessaire que nous sachions d'une manière positive
quel est le rapport de la contribution actuelle
avec la valeur de la propriété. C'est avec raison
qu'en 1849 l'administration manifesta sa vo-

lonté de puiser cette connaissance dans les livres de l'enregistrement. La mesure était fort bonne; mais les travaux approximatifs entrepris pour son exécution furent très-insuffisants, parce qu'au lieu d'embrasser la généralité des faits, ils se sont bornés à de rares et insignifiantes comparaisons.

Nous proposerions maintenant de fortifier cette appréciation du témoignage de toutes les mutations révélées par les actes authentiques; voici notre raison :

L'intention ordinaire de celui qui place ses capitaux en biens immeubles est de se procurer un revenu le plus élevé possible : l'acquéreur n'épargne ni soins ni peine pour obtenir des renseignements exacts sur le produit des biens mis en vente; il consulte les hommes les plus recommandables et les plus éclairés du lieu; et, en général, le prix qu'il se détermine à payer n'excède pas la valeur de la chose.

Sans doute on pourrait citer quelques exceptions; mais quand on prend la généralité des faits, les exceptions disparaissent et perdent leur influence.

Nous en dirons autant des simulations de prix auxquelles on a coutume de se livrer dans les contrats d'acquisition ; ces déguisements, qui s'exercent partout dans des proportions à peu près semblables, se compensent et se neutralisent dans la masse des ventes.

On est donc fondé à dire que le meilleur élément de péréquation se trouve dans la comparaison de l'impôt actuel avec la valeur vénale de la propriété, constatée par les actes mêmes de vente.

Cette base rendue générale, dégagée de toute espèce d'influence, soit personnelle soit locale, doit échapper à toute critique consciencieuse. C'est une évaluation que les propriétaires ont faite eux-mêmes avec réflexion, maturité : il n'y a ni déclaration ni expertise qui puisse offrir une semblable garantie d'exactitude.

La solution du problème est donc celle-ci :

Quel est, dans chaque localité, le rapport du revenu imposable porté dans la matrice actuelle avec la valeur vénale des immeubles imposés ?

La réponse se trouve dans le livre-répertoire que nous avons proposé d'ouvrir dans chaque bureau d'enregistrement, et que nous prions le lecteur d'avoir toujours devant les yeux.

Dans une colonne se trouvent les prix de vente, dans une autre les revenus imposables ;

les uns et les autres y sont relevés à mesure de l'enregistrement des actes : il suffirait donc, à l'expiration de chaque année , d'additionner ces prix et ces revenus par commune, par canton, par arrondissement, par département, pour qu'on pût dire : là, le revenu moyen est à la valeur vénale comme un est à tant ; ici, comme un est à tant ; par conséquent il y a entre ces localités une inégalité de.... qui doit être corrigée.

Ce rapport une fois établi , rapport qui pourrait être basé en peu d'années sur une masse énorme de contrats, puisqu'il se vend annuellement pour environ 1,400 millions de biens immeubles, la loi déterminerait un revenu uniforme, et dicterait la portion de ce revenu afférente à chaque département, comme elle dicte aujourd'hui la part de contribution payable par chacun d'eux. Ensuite les conseils généraux et ceux d'arrondissement pourraient, de concert avec le préfet et l'administration des contributions et de l'enregistrement, déterminer la quotité de revenu imposable, qui devrait être nécessairement portée dans la matrice cadastrale de chaque commune.

Si donc le revenu puisé dans la valeur vénale, et dicté par l'autorité supérieure, s'élevait, par exemple, à 30 francs l'hectare, les répartiteurs communaux seraient obligés de suivre cette base moyenne, sauf par eux à l'appliquer aux différentes parcelles en raison de leur classement ; ainsi , quatre hectares d'autant de classes différentes devraient présenter ensemble un revenu de cent vingt francs, divisé entre ces quatre classes proportionnellement aux qualités du sol.

Ou bien, en supposant que le revenu départi par l'autorité à telle commune fût de deux ou trois fois supérieur au revenu porté à cette époque dans sa matrice , on se bornerait à doubler ou à tripler celui-ci , s'il était reconnu que, dans l'origine, la répartition individuelle a eu lieu selon les règles de la justice distributive.

Le même mode serait mis en action pour les propriétés bâties, car la valeur locative, comme le revenu territorial, peut aussi s'établir par le prix d'achat : l'acquéreur sait, en achetant, quel intérêt il espère tirer de son capital ; d'ailleurs la loi pourrait accorder les tempéraments que des circonstances particulières rendraient légitimes.

Lorsque l'opération serait terminée pour toutes les communes du territoire, on saurait

par une simple récapitulation le montant général du revenu imposable, et il ne resterait
plus qu'à niveler l'impôt sur cette base uniforme.

Le répertoire dont nous faisons usage pour
préparer ce résultat, offre cet avantage, qu'avec
le temps il ferait disparaître les aspérités que
le premier travail pourrait laisser encore dans
la répartition.

Chaque année ferait ressortir, par une nouvelle comparaison du revenu porté dans les
matrices avec les prix de vente de cette même
année, les différences de commune à commune
et de département à département qui pourraient
exister ; et, quand ces différences auraient un
peu trop dérangé l'équilibre, il serait facile de
le rétablir à l'aide d'une moyenne puisée de
nouveau dans le répertoire de la contribution.

Plus nous avancerons, plus, il faut le croire,
les progrès agricoles se feront sentir. Nous devons espérer qu'avec le temps s'ouvriront, sur
tous les points, des communications qui con-
courront à étendre et à niveler le revenu et la
valeur des biens immeubles. Avec les éléments
groupés dans le répertoire, nous pourrions facilement et avec certitude constater la marche
de ces progrès, et faire subir à l'impôt d'épo-

que en époque, tous les cinq ans on suppose, selon le vouloir des Chambres, les modifications que les valeurs imposables pourraient justifier.

Ainsi, du mode que nous proposons surgit la meilleure base pour l'établissement futur de l'impôt de quotité, et cette base nous l'obtenons sans efforts, sans frais, et sans le secours des nombreux agents qui la poursuivent en vain depuis nombre d'années. En moins d'une séance, chaque receveur d'enregistrement fait une récapitulation, d'où sort pour chaque commune de son arrondissement la proportion entre la valeur vénale et le revenu imposable; puis il donne par une addition de quelques chiffres le même résultat pour l'arrondissement entier. Les directeurs réunissent ces résultats, et les transmettent au ministre, qui en fait le résumé et la base de ses proportions à la Chambre des députés.

Mais si aujourd'hui aucun obstacle sérieux ne s'oppose au nivellement du revenu par le procédé dont nous venons de faire l'exposé, il n'en est pas ainsi de la péréquation de l'impôt. Cette mesure, opérée tout d'un coup, soulèverait d'immenses mécontentements; comme les masses ne raisonnent pas, il serait difficile de calmer l'effervescence des nombreux propriétaires qui verraient dans leur cote une augmentation qu'ils regarderaient bien moins comme la réparation d'une injustice réelle, que comme un signe de prodigalité dans l'emploi du revenu public.

Nous pouvons dès à présent prendre des mesures pour égaliser le revenu imposable ; quant à la contribution, elle ne doit l'être que peu à peu, par voie de dégrèvement d'un côté, et par insensible augmentation de l'autre. Le niveau une fois établi, le reste deviendrait simple et facile; rien ne s'opposerait plus à l'établissement de l'impôt de quotité.

Nous n'avons pas toutefois la pensée de présenter l'établissement de l'impôt de quotité comme devant être la suite inévitable et forcée de l'adoption du nivellement du revenu imposable. Ce pourrait en être, dans notre opinion, une heureuse conséquence, avouée par les règles d'une justice rigoureuse, et réclamée par la simplification des travaux de l'autorité, par la rapidité de la confection des rôles, par la facilité de la perception, et surtout par le besoin impérieux de prévenir le retour du vote provisoire de l'impôt, occasionné, à une autre époque, par des retards provenant de la lenteur des travaux de répartition autant que des circonstances politiques du moment ; vote provisoire qui fut, comme on se le rappelle, l'objet de plaintes réitérées on ne peut plus fondées.

Mais les pouvoirs de l'État n'en resteraient pas moins entièrement libres, après avoir pesé les avantages et les inconvénients de la contribution de quotité, de l'adopter, ou de préférer le maintien de l'impôt de répartition, qui pourrait également s'associer à merveille avec le nivellement du revenu imposable que nous avons proposé, et obtenir, même par cette mesure, indispensable pour le perfectionnement des matières d'enregistrement et d'hypothèques, un degré d'amélioration incontestable.

Cependant une objection se présente : la base puisée dans la valeur vénale ne ferait pas, nous dit-on, disparaître l'inégalité de l'impôt. Nous ferons observer qu'il y a peu de différence aujourd'hui dans le prix des biens immeubles comparativement à leur revenu réel, et que plus nous irons, moins il y en aura. Des communications nouvelles et la diffusion incessante des lumières et de l'intelligence agricole, par les leçons de l'exemple et par le secours des capitaux, dû à l'amélioration du système hypothécaire, ne manqueront pas d'effacer les inégalités qui peuvent se remarquer encore dans les placements en biens-fonds.

Au surplus, si l'on ne voulait pas s'écarter du revenu réel pour l'assiette de l'impôt, on trouverait aussi dans le répertoire les moyens de comparer le revenu imposable actuel avec le prix des loyers ou des fermages énoncés dans les baux. Il y a un cadre particulier où sont relevés distinctement tous les actes de cette nature, soumis à l'enregistrement. On pourrait, par ce moyen, élever le revenu imposable au même taux que le revenu réel; ce serait l'affaire d'une règle de proportion.

Mais cette base, à notre avis, n'est pas la plus juste pour une péréquation générale : il ne serait pas déraisonnable que le capital le plus fort, susceptible d'être réalisé quand on le veut, fût pris en considération dans l'assiette de l'impôt; car l'égalité du revenu n'est pas l'égalité de la fortune : l'avantage est incontestablement du côté du propriétaire dans les mains duquel se trouve la valeur vénale la plus considérable. Ce dernier pourrait donc, à la rigueur, donner à l'État quelques deniers de plus, sans que la justice distributive en fût blessée.

D'ailleurs, dans beaucoup de localités, on ne

fait que peu de baux à prix d'argent, au lieu que partout les ventes sont également nombreuses. Ainsi la base fondée sur la valeur vénale serait plus large et plus sûre.

Toutefois il ne serait pas inutile d'établir quel rapport il peut y avoir entre le prix des baux enregistrés et le revenu porté dans les matrices actuelles : ce rapprochement serait très-bon pour examiner et juger les réclamations que le travail exécuté d'après les ventes pourrait engendrer.

Ainsi, lorsque des communes prétendraient, ce qu'on verrait plus d'une fois, que des ventes à la chaleur des enchères auraient, par l'exagération de leur prix, exercé une influence défavorable pour elles dans la fixation du revenu imposable qui leur serait départi, le produit des baux permettrait de peser leur réclamation, et, si elle était juste, d'y faire droit en modérant le chiffre du revenu.

Ce qu'on peut faire à l'égard d'une commune est possible pour un canton, pour un arrondissement; mais, comme nous l'avons déjà dit, les faits exceptionnels se fondent et se perdent dans les masses : si l'effet de quelques ventes par adjudication et par lots peut se faire sentir sur un point, son influence disparaît dans un cercle plus étendu.

Une autre raison d'un grand poids justifie la préférence que nous accordons à l'opération puisée dans la valeur vénale ; c'est que le revenu imposable, établi sur cette base, pourrait devenir, comme on le verra plus loin, une précieuse mesure pour l'assiette du droit d'enregistrement des actes de mutations d'immeubles. Si, comme nous le proposerons, on la substituait un jour, pour la liquidation de ce droit, aux prix énoncés dans les actes, les simulations n'auraient plus de but, et avec cette déplorable fraude cesseraient les effets calamiteux qu'elle entraîne avec elle. Ce n'est pas tout : ce même revenu, par son rapport avec la valeur vénale, serait un guide parfait dans les acquisitions d'immeubles et dans les prêts sur hypothèque, et, par conséquent, un excellent moyen pour attirer les capitaux vers cette nature d'emploi. On conçoit combien il serait avantageux pour le mouvement des affaires de donner aux gens qui veulent contracter, des notions dignes de foi sur la valeur des biens.

Avec cette échelle, en effet, rien de plus facile que de supputer la valeur d'une propriété, ou au moins d'obtenir à cet égard des indices satisfaisants : si tels immeubles du revenu imposable de 1,000 fr. ont été vendus 30,000 fr., quel peut être le prix de tels immeubles du revenu de 500 fr. ? 15,000 fr.

De même, si, dans telle commune, des biens portés à 1,000 fr. de revenu imposable sont affermés 2,000 fr., combien peuvent l'être des immeubles de même nature du revenu de 500 fr. ? 1,000 fr.

Par ce procédé se révèlerait également la valeur vénale de tout le territoire, ainsi que son revenu réel. Plus la moyenne serait large, plus on approcherait de la vérité. Avec la multiplicité des mutations qui se font annuellement en France, nous doutons que des calculs établis sur la réunion des ventes et des baux pendant 10 ans, ne donnassent pas des notions exactes sur cette double valeur.

CHAPITRE II.

CADASTRE.

L'expérience a démontré jusqu'à l'évidence que, par ses évaluations disparates, le cadastre ne pouvait mettre sur la voie de l'égalité proportionnelle entre les départements et les communes, et que ce résultat ne devenait possible que par une supputation établie à l'aide des ventes et des baux , ainsi que nous l'avons expliqué dans le chapitre précédent.

C'est pourquoi , après qu'on eut fondé la répartition générale sur ces derniers éléments , la loi du 31 juillet 1821 prescrivit l'application de cette même base aux communes et aux arrondissements.

C'était , en effet , ce qu'il y avait de plus sensé et de plus juste. Il ne manquait à cette base que d'embrasser la généralité des faits , au lieu de se borner à un nombre dont les proportions , trop étroites et inexactes , ne pouvaient inspirer le degré de confiance nécessaire pour devenir le fondement de l'unité entre les circonscriptions locales.

En même temps , cette loi restreignit les opérations cadastrales aux cotisations individuelles ; on sentit que ces opérations étaient indispensables pour assurer l'égale distribution de la taxe entre les contribuables de la même commune.

Il n'y avait pas moyen , en effet , d'atteindre ce but sans l'arpentage des parcelles , accompagné de leur classement , suivant les diverses qualités du sol ; et déjà l'expérience a prouvé que les résultats , sous ce double rapport , n'avaient pas trompé les prévisions de la pensée.

Aussi, dès que ces avantages purent être appréciés, les départements, mus par un sentiment de justice si naturel en France, s'empressèrent-ils de voter les fonds nécessaires pour accélérer la marche des opérations cadastrales ; et ses progrès ont été si rapides que maintenant elle touche à son terme.

Mais cette entreprise, vaste et glorieuse, ne produirait pas tous les fruits qu'elle promet, si ce beau travail devait être délaissé aussitôt que fini : un peu plus tard la répartition individuelle retomberait dans les vices qu'on lui reproche aujourd'hui. La subdivision incessante des parcelles, que nos mœurs et nos lois civiles multiplient chaque jour davantage, mettrait bientôt l'administration dans l'impuissance d'appliquer la taxe avec justice à des contenances dont le plan et la matrice ne pourraient plus offrir ni la figure ni l'étendue ; enfin, on perdrait en peu d'années tous les avantages d'un monument acheté par d'énormes sacrifices de temps et d'argent.

Dans l'achèvement du cadastre se trouve donc l'obligation de l'entretenir, de le perpétuer. Il faut, si l'on veut en faire sortir tous les fruits dont il contient le germe, et qui surpasseront

en valeur toutes les dépenses qu'on aura faites,
que le plan et la matrice soient maintenus en
parfait rapport avec les changements continuels
que subit la propriété, soit par la nature, soit
par la volonté de l'homme.

Divers projets de conservation du cadastre
ont été mis au jour par des hommes qui ont,
à cet égard, des connaissances spéciales.

Le travail matériel ne peut évidemment offrir
de difficulté sérieuse : il est plus facile d'entretenir que d'édifier ; et si l'on est parvenu à
créer le cadastre, il ne peut y avoir pour son
entretien d'obstacle insurmontable.

Les uns ont proposé de mettre le plan originaire en harmonie avec les variations succes-
sives de la propriété, au moyen de lignes ponctuées tirées dans les figures mêmes de ce plan.

Cette méthode, dont l'idée première paraît
due à M. Semanne, ingénieur en chef du cadastre au département de Seine-et-Marne, a
trouvé des contradicteurs.

M. Gayard, chargé des mêmes fonctions dans
le département d'Indre-et-Loire, a mis au jour,
en 1830, un opuscule où il démontre les inconvénients de ce procédé.

En effet, tout praticable qu'il puisse être dans
une figure de quelque étendue, il perdrait in-

failliblement cet avantage lorsque, dans un plan un peu détaillé ou dans une figure déjà réduite à d'étroites proportions par des partages antérieurs, des changements devraient se croiser ou se traverser. On ne voit pas comment il serait possible, lorsque de nouvelles constructions seraient élevées et que d'autres seraient détruites, d'introduire ces faibles modifications dans l'atlas, sans nuire à la clarté. Il serait plus difficile encore de tracer dans le plan les variations peu sensibles produites par le réarpentage et le bornage de parcelles contiguës; les lignes séparatives anciennes et nouvelles seraient une cause certaine de désordre et de confusion.

Dans la plupart de ces cas, il faudrait gratter, altérer; et le plan originaire, qui doit être l'historique de la propriété, un élément de recherche, de comparaison, une source de renseignements précieux en matière de statistique, d'entreprises industrielles, de procès entre propriétaires, etc., perdrait bientôt une partie de ces avantages.

Le mode proposé par l'habile ingénieur du département d'Indre-et-Loire paraît donc mériter la préférence à tous égards.

D'après ce mode, dont voici à peu près l'esprit et l'analyse, le plan-minute ne subirait aucune altération ; ainsi il conserverait tous ses avantages pour les recherches relatives à des temps reculés et à des faits toujours plus difficiles à éclaircir à mesure qu'ils deviennent plus anciens.

Les figures modifiées ou divisées par une cause quelconque seraient extraites du plan-minute, et reportées sur un plan auxiliaire, où elles prendraient la forme voulue par les variations du terrain, ou par les dispositions du propriétaire.

Une teinte légère appliquée sur les figures extraites annoncerait leur entrée dans le plan supplémentaire.

Chaque division aurait un numéro d'ordre en encre rouge, afin que ce numéro ne pût être confondu avec celui de la figure primitive, lequel serait rappelé en encre noire dans le plan auxiliaire.

Si des partages successifs réduisaient la subdivision à des proportions trop minimes pour qu'on pût les figurer sans confusion dans le plan subdivisionnaire, l'échelle de ce plan serait étendue comme il le faudrait pour donner à l'opération la clarté convenable.

Plus tard, lorsque le nombre de feuilles subdivisionnaires , ou lorsque des modifications nombreuses survenues dans la figure des parcelles en démontreraient le besoin, on procéderait à la refonte de l'atlas , qui servirait alors de nouveau point de départ pour les opérations ultérieures.

Comme on le voit, il y aurait sur tous ces points simplicité dans l'exécution , et clarté dans les résultats.

Toutefois, je ne passerai pas sous silence un autre procédé, publié en 1834 par M. Houry, ingénieur en chef à Lons-le-Saulnier , qui participe de l'un et de l'autre de ceux dont je viens de parler. Il consisterait à faire sur l'atlas originaire, à l'aide de lignes ponctuées, les configurations nouvelles, lorsque la figure à diviser le permettrait par son étendue , sans engendrer de confusion. On n'aurait recours à la feuille subdivisionnaire que pour les modifications resserrées, qu'il ne serait pas possible d'introduire sans désordre dans le plan primitif.

Il serait , dans tous les cas , pourvu par une légère teinte à la reconnaissance des polygones modifiés par la feuille supplémentaire.

Ce dernier mode aurait peut-être l'avantage de diminuer le nombre des feuilles destinées à la subdivision.

Mais, quel que puisse être le projet auquel on veuille s'arrêter, il faudra nécessairement organiser avant tout le personnel de la conservation du cadastre. Ce point une fois fixé, il ne sera pas difficile, aidé de l'expérience et des lumières de l'agence cadastrale, de choisir le meilleur mode possible d'exécution.

Le système d'organisation, susceptible de s'associer le mieux avec les autres parties du plan dont nous nous occupons dans cet ouvrage, exigerait qu'il y eût dans chaque département un géomètre principal, et dans chaque canton un géomètre particulier.

Le géomètre principal surveillerait les travaux des géomètres particuliers, sous les ordres du directeur de l'administration. Ce géomètre conserverait les plans-minutes, et y ajouterait, à mesure de la communication qui lui serait donnée des plans subdivisionnaires, une copie de ceux-ci, de manière qu'il y eût toujours au chef-lieu, à la disposition du directeur et des autorités départementales, un document complet.

Le géomètre particulier aurait pour mission de maintenir l'atlas et la matrice en rapport avec l'état du terrain modifié par les progrès agricoles, industriels, ou par les dispositions des propriétaires, telles qu'alignement, partage, vente, etc.

Ce serait un dépositaire soigneux et un gardien éclairé des plans et des matrices des communes de son ressort, tandis que trop souvent ces documents précieux s'altèrent ou périssent dans les mairies rurales, tantôt par défaut de soin, tantôt par l'humidité du local qui les renferme.

Ce dépôt, dont il serait responsable, est d'ailleurs nécessaire, comme nous le dirons bientôt, pour faciliter l'exécution des changements à faire dans le travail d'art et dans les écritures correspondantes.

Les habitants de la commune, souvent appelés au chef-lieu du canton par les foires et les marchés dont il est le siége, par des affaires de justice de paix, de contributions directes, d'enregistrement et d'hypothèques, par leurs rapports avec les notaires de cette résidence, pourraient, aidés de l'agent cadastral, se procurer en même temps, sur le plan ou sur la matrice, les renseignements qui leur seront nécessaires, avec beaucoup plus de facilité, de précision et de certitude, que s'ils s'adressaient au maire de leur commune, qui n'a pas et ne peut pas avoir, sur ces matières-là, le degré d'intelligence d'un agent spécial.

Ce dépôt est également commandé par les besoins du système hypothécaire, qui, dans notre plan, devient cantonal. De cette manière, les difficultés hypothécaires qui pourraient naître sur l'identité des parcelles s'éclairciraient aisément. Il en serait de même pour les embarras qui, au moment de la rédaction des actes, surgiraient de l'indication incertaine ou de la reconnaissance douteuse des parcelles destinées à passer d'une main dans une autre. Il lèverait enfin, en matière de spécialisation d'hypothèque, dans les cas dont nous parlerons plus loin, au chapitre des hypothèques générales, des difficultés dont la solution deviendrait gênante, si, au lieu de trouver au chef-lieu les renseignements nécessaires, il fallait aller les chercher dans chaque commune.

Ces considérations nous semblent d'un assez grand poids pour justifier ce dépôt, et répondre d'avance aux raisons par lesquelles l'administration de la commune pourrait revendiquer la garde de ces documents. Son insistance à cet égard serait bien moins fondée sur l'intérêt de ses administrés, qui ne pourrait qu'en souffrir, que sur la préoccupation d'un privilége qu'elle ne voudrait pas abandonner.

Cette administration pourrait , d'ailleurs , demander l'apport de ces documents lorsqu'il s'agirait d'opérations relatives au revenu ou à l'impôt foncier ; opérations dans lesquelles l'agent cantonal remplirait les fonctions actuellement départies au contrôleur des contributions directes.

La mission du géomètre cantonal n'aurait donc pas seulement pour objet la partie d'art ; les écritures correspondantes lui appartiendraient aussi, de même que d'autres travaux qui seraient précisés dans un règlement, et dont nous avons déjà parlé au chapitre où il est question de la suppression du contrôle actuel.

La réunion en un seul corps d'administration , des rouages de l'enregistrement , des contributions directes et du cadastre, permettrait aux receveurs de l'enregistrement de donner aux géomètres les moyens d'agir , en leur communiquant les feuilles de mutations qui seraient formées à mesure de l'enregistrement des contrats , ainsi que nous l'avons déjà fait pressentir et que nous l'expliquerons plus loin.

Munis de ces feuilles, les géomètres se rendraient sur le terrain , et procéderaient aux opérations d'arpentage nécessaires pour mettre les parcelles divisées en rapport avec les conventions des propriétaires. Lorsqu'il s'agirait seulement de transmission de parcelles entières, ils se borneraient à faire les changements usités dans la matrice cadastrale, et à préparer ainsi la balance du revenu imposable pour la confection du rôle prochain.

Les propriétaires seraient appelés à l'opération du géomètre sur le terrain, pour l'indication et la reconnaissance des parcelles à diviser ; ils pourraient en profiter pour poser des bornes d'un commun accord , et fixer avec le géomètre , qui remplirait à cet égard les fonctions du contrôleur actuel , le revenu applicable à chaque partie de la subdivision.

Le partage du revenu serait fait en raison de la *contenance et du classement des parcelles* attribuées à chaque nouveau possesseur, lesquelles devraient reproduire ensemble le revenu total de l'immeuble divisé.

Si cependant les parties intéressées ne pouvaient tomber d'accord sur ce point, le géomètre, avant de quitter la commune, consulterait le maire et les répartiteurs, et prendrait leur avis pour servir de base au revenu imposable de chaque parcelle.

La communication des feuilles et de tous autres renseignements nécessaires serait d'autant plus facile, que le receveur et le géomètre auraient la même résidence, sauf peu de cantons où il n'y a pas de receveur d'enregistrement.

Mais cette exception, on peut la faire cesser ; et ce serait à la fois un acte de justice et de bonne administration.

Ces cantons, peu nombreux, sont en général d'un faible produit ; c'est pour cela qu'on s'est abstenu d'y placer un receveur : on a voulu économiser sur les frais.

Mais la pauvreté d'un canton n'est pas un bon motif pour obliger les contribuables et les officiers ministériels à venir trouver au loin le bureau où doit être apporté leur faible tribut. Il semble, au contraire, qu'on devrait leur donner des facilités d'autant plus grandes, qu'ils sont moins en état de supporter la dépense du trajet et la perte du temps. On gémit en pensant que, pour venir acquitter un modique droit de succession, de 28 c. par exemple, et ce cas n'est pas rare, le redevable doit cheminer un jour entier, perdre sa journée, et dépenser encore en frais de voyage le fruit de son travail pendant un autre jour.

Il en résulte d'ailleurs une foule d'inconvé-

nients pour l'enregistrement des actes publics :
on ne veut pas faire le trajet pour un seul acte,
parce que ce serait en doubler le coût ; on attend qu'il y en ait un certain nombre, et alors
ce sont des retards et des postdates qui peuvent devenir une cause de difficultés et de
dommages pour les parties contractantes.

Cette création donc nous paraît commandée
par l'intérêt même des contribuables, par celui
des opérations cadastrales , et par d'autres
avantages encore que promet l'ensemble du
système que nous exposons, et dont toutes les
parties ont une liaison étroite.

On peut, au surplus, atténuer la dépense de
ces nouveaux emplois : la remise d'un receveur
est décroissante ; de huit pour cent sur les 10
premiers mille francs, elle descend à trois de
10 mille à 50 mille, et ainsi de suite.

Ainsi, un bureau dont la recette, par exemple, monte à 40,000 fr., procure au receveur
une remise de 1,700 fr., ci . . . . . . 1,700 f.

En divisant cette recette en deux
bureaux , on aurait pour chacun
un produit de 20,000 fr., passible
d'une remise de 1,100 fr., ci pour
les deux. 2,200

Augmentation de dépense. . . . 500

Mais, dans un bureau d'une si mince valeur, le receveur a des occupations qui lui laissent du temps ; on pourrait dès lors joindre à ses attributions la recette des contributions de sa résidence et de quelques communes rapprochées. Cette recette, frappée à ce moyen d'une remise de trois pour cent seulement, au lieu de la rétribution plus forte accordée au percepteur actuel, couvrirait l'augmentation de dépense ci-dessus.

La fusion des deux administrations en une seule tendrait, par des réunions de l'espèce dans plusieurs localités, à procurer un jour une diminution intéressante dans les frais de perception ; ce serait l'affaire du temps et de l'expérience.

Lorsque le géomètre cantonal aurait fait dans les matrices, à l'aide des feuilles en question, les changéments dus au mouvement de la propriété, et qu'il aurait formulé les tableaux récapitulatifs destinés à faire connaître le montant actuel du revenu imposable des contribuables qui ont fait des aliénations ou des acquisitions, il transmettrait ces feuilles, accompagnées d'une ampliation de l'état récapitulatif, au directeur du département ; qui, à son tour, ferait dans les matrices de sa direction les écritures nécessaires.

Il est inutile d'ajouter, car nous l'avons déjà dit, que les travaux d'art exécutés pendant l'exercice seraient communiqués au géomètre en chef, qui serait tenu d'en ajouter copie au plan-minute.

Le premier soin du géomètre cantonal, après son établissement, aurait pour but la régularisation du cadastre ancien.

Plus ce cadastre aura d'ancienneté, plus sa rectification sera lente et difficile ; c'est pourquoi il est désirable que la question de conservation soit promptement résolue.

Le géomètre commencerait par ajouter aux anciens tableaux indicatifs les changements survenus dans les noms des propriétaires ; puis, muni de cette feuille, il ferait la reconnaissance des parcelles en parcourant le terrain.

Il arpenterait les parcelles modifiées ou partagées, et les figurerait ensuite sur le plan auxiliaire destiné à mettre l'atlas ancien en rapport avec l'état actuel de la propriété, en négligeant, bien entendu, toutes les mutations intermédiaires.

De plus, il rectifierait l'ancienne matrice, ou plutôt en composerait une nouvelle, conforme à l'atlas rectifié.

Ce premier travail devrait être terminé le plus

tôt possible. S'il était nécessaire, le géomètre, après autorisation, s'adjoindrait des collaborateurs pour en accélérer le terme.

Les conseils généraux aviseraient aux moyens de couvrir la dépense de cette opération rectificative, triste résultat de l'ajournement trop prolongé d'un bon système de conservation cadastrale.

Les frais ultérieurs de conservation feraient partie du budget de l'administration de l'enregistrement et des contributions directes.

Conduit à ce degré de perfection, le cadastre serait un monument digne de l'admiration des siècles. Il deviendrait un puissant auxiliaire dans la plupart des services publics, un élément de paix et de concorde entre les propriétaires riverains, et le terme d'une foule de procès ruineux pour les plaideurs, et préjudiciables à la morale publique par les germes de haine et de passion malfaisante qu'ils entretiennent au sein de la société.

Le traitement des géomètres cantonaux pourrait être modéré; car ces agents seraient fort souvent choisis pour une foule d'opérations, arpentages, expertises, etc., que les propriétaires et les tribunaux leur confieraient de préférence à d'autres moins habiles qu'eux dans ces sortes

de travaux ; et ces opérations, dont ils garde-
raient minute, auraient souvent l'inappréciable
avantage de s'incorporer dans les travaux du
cadastre, et d'en assurer le perfectionnement.

Ils pourraient aussi remplir fructueusement
pour la chose publique les fonctions de commis-
saire-voyer, ou tout au moins exercer sur la
petite voirie une surveillance active, par leurs
fréquents transports dans les communes pour
les opérations cadastrales ; une surveillance in-
telligente par les connaissances théoriques et
pratiques de géométrie dont ils seraient nécessairement pourvus ; enfin une surveillance que
des officiers municipaux, indépendants, irres-
ponsables, et choisis par leurs concitoyens, envers lesquels ils sont naturellement portés à être
indulgents, ne sauraient exercer avec le même
soin, la même rigueur que doit le faire un
agent salarié, d'ailleurs soumis à l'inspection
d'un chef : et ces attributions et travaux, qu'il
serait possible d'accroître encore au profit de
l'administration des ponts et chaussées et de
l'administration des eaux et forêts, si l'expérience démontrait que les opérations principales
qui leur seraient départies leur en laissassent
le loisir, deviendraient, pour ces agents, une
source de profits, que le Gouvernement pourrait

prendre en considération lorsqu'il s'agirait de fixer leur traitement.

Toutefois il serait convenable de formuler un tarif pour les honoraires du géomètre, soit à raison des travaux qui, dans la sphère de ses attributions administratives, pourraient être mis à la charge des propriétaires personnellement, soit au sujet des opérations dont il pourrait être chargé en dehors de ses fonctions publiques. Cette précaution aurait l'avantage de prévenir des difficultés, et de mettre obstacle à tous frais frustratoires.

Nous ne terminerons pas ce chapitre sans essayer ici une opinion contre laquelle il est probable que les partisans du droit illimité de propriété ne manqueront pas d'élever la voix. Nous la soumettons aux méditations du public éclairé, quelque respect que nous professions nous-même pour ce grave principe, parce qu'elle nous est inspirée par des intérêts généraux, devant lesquels l'intérêt de quelques-uns nous paraît devoir fléchir : nous voulons parler du morcellement infini et déraisonnable de la propriété rurale.

Nous sommes loin de contester les avantages d'un fractionnement modéré et intelligent ; il suffit de jeter les yeux autour de soi, pour apercevoir des populations nombreuses bien logées, bien vêtues, bien nourries, là où l'on ne voyait autrefois que la misère et l'indigence, à côté d'une riche abbaye ou des vastes domaines d'un seul propriétaire. Cette heureuse métamorphose est le résultat de la division de la propriété, qui balance avantageusement les obstacles qu'elle peut mettre à l'établissement des meilleurs procédés agricoles ; car le sol est toujours productif lorsqu'il est bien remué et fortement amendé, et il n'y a pas de procédé, quelque ingénieux qu'il soit, plus améliorant et moins dispendieux que l'activité laborieuse de cette génération de petits propriétaires, qui forment aujourd'hui la population exclusive d'un grand nombre de bourgades. La femme, les enfants, le mari, tout le monde se met à l'œuvre. Rien n'est perdu ; tout est soigneusement ramassé et converti en engrais. On est trois fois plus actif quand on agit pour soi, que lorsqu'on travaille pour le compte d'autrui. Le chef de la famille prend sur son sommeil deux heures le matin, une heure le soir, les consacre à la culture de son verger ou de son champ, sans perdre pour cela le salaire de la journée qu'il met à la disposition de celui qui a besoin de ses bras. Cette augmentation de travail, qui engendre tant de merveilles et de richesses, est la conquête de la division de la propriété sur la paresse et le découragement de l'indigence. La possession de quelques ares de terre excite le désir de l'agrandissement, et conduit à le réaliser, en inspirant des sentiments d'activité et d'économie. L'exemple du succès fait naître l'émulation ; il développe l'instinct de l'ordre public, en même temps qu'il rattache à la patrie, par des liens plus solides, celui qui partage les jouissances de la propriété.

Mais il n'y a rien de bon dans ce monde, qui n'ait aussi son mauvais côté. Si la division du sol est en soi un des meilleurs résultats de nos événements politiques, l'excès en est un abus, auquel la prévoyance et la sagesse de la loi devraient, selon nous, apporter quelque tempérament.

Chaque jour nous voyons les parcelles du sol se réduire à des proportions d'une incroyable minimité. Ce fractionnement ridicule augmente démesurément les frais de culture, de semence et de récolte, par la multiplication du trajet et par l'impossibilité de ne pas répandre en pure perte, sur le sol voisin, quelques-uns des grains confiés à la terre.

Il est une cause d'embarras dans les opérations du cadastre pour la levée des plans , la reconnaissance des parcelles , leur arpentage , leur subdivision. Il est une source de difficultés dans les travaux de l'administration , la répartition et la perception de l'impôt , lorsqu'il faut mettre tout cela en harmonie avec l'état de la propriété. Il est désespérant dans les entreprises industrielles , canaux , chemins de fer , etc. , pour l'estimation , l'acquisition ou l'expropriation de cette multitude de parcelles que ces grands travaux d'utilité publique doivent anéantir ou traverser. Il multiplie les difficultés de voisinage et les procès qui en sont la suite ; enfin , dans les adjudications en détail , il finit , en raison du nombre plus considérable d'acheteurs , par enlever aux créanciers la valeur du gage par les frais de purge hypothécaire et d'une foule de formalités dont nous aurons occasion de parler au titre des hypothèques.

En attendant , nous prendrons la liberté de citer un exemple bien capable de faire impression sur les esprits , quelque peu initiés qu'ils puissent être à la pratique des affaires :

Le propriétaire de dix hectares d'héritage grevés de 10 inscriptions hypothécaires montant, je suppose, à 6,500 fr. , juge à propos de diviser ces 10 hectares en 40 parcelles , et, pour en tirer un meilleur prix, de les vendre par lots à autant d'adjudicataires : il en obtient en tout 6,000 fr. Vous pensez peut-être que ce prix va suffire pour couvrir presque entièrement la dette hypothécaire; détrompez-vous : ces quarante adjudicataires font transcrire leur titre ; ils font notifier cette transcription aux dix créanciers, pour les mettre en mesure de surenchérir, s'ils le jugent à propos. Le délai de la surenchère passé sans action de la part des créanciers, les adjudicataires provoquent en justice un ordre pour la distribution des prix, et font faire aux dix créanciers sommation de produire leurs titres.

Voyons, sans aller plus loin, quels sont les frais de ces significations et sommations seulement : elles coûtent, pour le droit d'enregistrement seul, 1,760 francs; ajoutons à présent le timbre, les honoraires de l'huissier, ajoutons les autres frais d'ordre, et concluons que la plupart des créanciers perdent nécessairement ce qui leur est dû.

Sans doute on peut modifier l'article du tarif qui frappe ces actes d'un droit d'enregistrement aussi déraisonnable ; mais l'extrême morcellement de la propriété n'en restera pas moins sujet à de graves et nombreux inconvénients ; et, dans notre profonde conviction, il conviendrait, dans l'intérêt général aussi bien que dans l'intérêt particulier des propriétaires, d'en restreindre le cercle, en fixant une étendue au dessous de laquelle nulle parcelle, à l'avenir, ne pourrait être subdivisée, à moins qu'il ne *s'agît d'une destination spéciale prévue par la loi.* Nous ne sommes pas exigeant ; nous nous bornons à demander que toute parcelle de dix ares soit déclarée impartageable, sous peine d'amende contre le notaire qui admettrait ou introduirait dans les actes des subdivisions *nouvelles* d'une moindre contenance. L'abus du morcellement est poussé si loin par l'esprit de rivalité des cohéritiers d'immeubles indivis, autant que par l'ignorance de leur véritable intérêt, que souvent ils exigent, non pas autant de parcelles qu'il peut en falloir pour les remplir de leurs droits héréditaires, mais bien une portion de chaque parcelle, quelque peu étendue qu'elle soit, à tel point que de nombreuses fractions sont aujourd'hui réduites à quelques centiares, dont la valeur est ainsi frappée de nullité.

N'est-il pas vrai qu'en proscrivant cette abusive et ridicule subdivision, la loi serait plus soigneuse qu'eux-mêmes de leurs propres intérêts, et rendrait en même temps un véritable service à la chose publique ?

Cette mesure, qui ne serait, au reste, que la sanction du principe posé dans l'article 832 du Code civil, aurait des effets trop salutaires pour ne pas se justifier aux yeux des plus scrupuleux sur le droit de propriété, qui ne mettent pas l'abus même du principe au dessus de toute considération d'intérêt général.

CHAPITRE III.

MATRICES ET ROLES DE LA CONTRIBUTION.

Pour mettre fin à l'inexactitude des rôles et aux irrégularités que le retard des déclarations engendre dans cette partie du service, et, par conséquent, dans les listes électorales, une amélioration devient indispensable dans la contexture des actes portant mutation ou attribution de biens immeubles.

Cette amélioration est aussi commandée par la régularité du service cadastral, par le mécanisme hypothécaire, et par la perception du droit d'enregistrement : toutes choses d'une extrême importance, bien dignes des efforts de l'administration pour vaincre les obstacles que cette amélioration pourrait rencontrer.

Elle consisterait à introduire dans les actes une désignation plus circonstanciée des biens immeubles qui en font l'objet.

Nous voudrions qu'à l'avenir ces actes indiquassent par commune, article par article, et dans l'ordre de la matrice cadastrale, le numéro, la nature, la contenance et le revenu imposable des immeubles aliénés, acquis, partagés ou affermés, au lieu de cette désignation plus longue par tenants et aboutissants, qui est aujourd'hui en usage, et qui laisse toujours beaucoup d'incertitude sur la reconnaissance des parcelles, surtout quand il s'agit de situation hypothécaire.

Pour rendre facile l'accomplissement de cette tâche, que déjà beaucoup de notaires, jaloux de procéder avec ordre et clarté, s'imposent eux-mêmes lorsqu'il s'agit d'affaires importantes, chaque propriétaire serait porteur d'un extrait de la matrice cadastrale, contenant les articles inscrits en son nom dans les diverses communes de la situation de ses immeubles. Il devrait présenter cette feuille au notaire, qui, lors de la rédaction des contrats, en extrairait les articles destinés à passer sur la tête du nou-

veau possesseur, en ayant soin de tirer un trait
sur ces articles, pour que l'ancien propriétaire
pût toujours voir d'un coup d'œil quels sont les
numéros de cette feuille dont il ne s'est pas
dépouillé. Le notaire ajouterait à l'extrait dont
serait nanti le nouveau propriétaire, les articles
qui auraient passé dans ses mains, de manière
que ce dernier, en cas d'aliénation ou de tout
autre engagement immobilier, fût toujours en
position de donner les renseignements nécessaires pour la désignation des immeubles.

Si, ce qui arriverait souvent tant que le cadastre ne sera pas perfectionné et mis en rapport exact avec l'état actuel de la propriété
rurale, il y avait incertitude dans l'indication
et la reconnaissance des parcelles faisant l'objet
de la mutation, on aurait recours au géomètre
cantonal, qui lèverait les doutes à cet égard, en
se faisant donner les explications nécessaires, et
en se transportant au besoin sur le terrain, si
l'inspection du plan et l'examen de la matrice
ne suffisaient pas pour éclaircir le fait.

On voit par là combien il serait important
que le plan et la matrice restassent dans le ca-
binet du géomètre cantonal.

Un fait qu'il ne faut pas mettre en doute, c'est
que, même dans les matrices cadastrales, les

mutations n'ont pu être suivies avec assez d'exactitude sous le système actuel , pour qu'on n'ait
pas mis au compte de l'un quelque parcelle appartenant à un autre , et qu'il n'y ait pas des
erreurs plus ou moins nombreuses dans l'indication des individus regardés comme propriétaires, à l'heure qu'il est. Ces erreurs, susceptibles d'occasionner des difficultés dans la conclusion des affaires, de donner lieu à des méprises
dans les désignations faites ou à faire dans les
contrats, de devenir, dans les expropriations par
autorité de justice ; une cause de revendication,
de retards et de frais , se présenterait rarement
lorsque la mesure dont nous proposons l'établissement serait mise en vigueur. Nous dirons
même que ces erreurs cesseraient tout-à-fait
lorsque le cadastre serait parvenu au degré de
perfection qu'il est susceptible d'atteindre.

Lorsque le numérotage ou le revenu imposable des parcelles aurait subi des changements
par des partages ou des opérations cadastrales
ultérieures, l'agent cantonal devrait mettre en
rapport avec le nouvel état de chose l'extrait
de matrice qui serait dans les mains du propriétaire, de manière que celui-ci ait toujours
à sa disposition une pièce régulière et complète
pour la rédaction de ses engagements. Le pre-

mier extrait pourrait lui être délivré d'office et sans frais, si les conseils généraux consentaient à pourvoir à la dépense que ce dépouillement matériel pourrait occasionner; mais s'il n'avait pas soin de le conserver, il devrait s'en procurer un autre à ses dépens.

Ainsi donc, comme nous l'avons proposé plus haut, tout acte devrait contenir la désignation cadastrale des immeubles qui en feraient l'objet.

Lorsque cet acte serait soumis à l'enregistrement, le notaire y joindrait l'extrait exact de cette désignation, en ayant soin de grouper les biens par commune, et de suivre l'ordre des numéros.

Cet extrait, conservé par le receveur de l'enregistrement, servirait, *outre l'usage plus important dont nous parlerons au titre des hypothèques*, à l'entretien des mutations dans les matrices et dans les rôles. Par là, toutes les transmissions d'immeubles effectuées pendant le dernier exercice seraient relevées à temps pour prendre place dans les rôles de l'exercice prochain, et l'on ne verrait plus comme aujourd'hui figurer dans ces documents, auxquels se rattache un droit politique du plus grand poids, des individus dépossédés depuis un temps infini.

A cet effet, le receveur de l'enregistrement prendrait dans les extraits ci-dessus, et porterait dans des feuilles à colonnes imprimées pour cet usage, les désignations et renseignements nécessaires tant pour vaquer aux travaux d'art, que pour modifier les écritures cadastrales; puis il adresserait ces feuilles de 10 en 10 jours au géomètre cantonal chargé de l'accomplissement de ces opérations. Lorsque celui-ci en aurait fait usage, il transmettrait ces mêmes feuilles, appuyées d'un état présentant la situation ancienne et nouvelle du revenu de chaque propriétaire, au directeur, qui à son tour s'en servirait pour mettre les matrices déposées dans ses bureaux en harmonie avec le mouvement de la propriété, et pour procéder ensuite à la confection des rôles du nouvel exercice.

Ainsi, pour nous servir d'une expression proverbiale et familière, nous faisons d'une pierre cinq coups : l'extrait dont les notaires seraient tenus de faire la remise au bureau de l'enregistrement, servirait à publier tous les faits qui doivent entrer dans le cercle hypothécaire ; servirait à donner à l'agent géomètre du canton les moyens d'opérer sur le terrain, lorsqu'il y aurait lieu, la subdivision des parcelles ; servirait à la modification des matrices et â la confection annuelle des rôles ; servirait à la liquidation du droit d'enregistrement sur le revenu imposable, lorsque le nivellement de ce revenu aurait permis d'adopter cette nouvelle base de perception ; pourrait enfin, chose importante, obvier aux graves inconvénients qui naissent de la perte ou de la destruction des titres de propriété, source d'embarras, de procès et de frais en maintes circonstances.

On a lieu de penser qu'une proposition destinée à procurer de si précieux effets obtiendra l'appui de l'opinion publique, et finira par être prise en considération par le Gouvernement.

TITRE III.

Listes électorales.

Le droit électoral, comme on le sait, forme la base de notre édifice politique. Lorsqu'on récapitule les hauts intérêts qui s'y rattachent, et que, jetant un regard sur le passé, l'esprit nous retrace les manœuvres contre lesquelles le mécontentement général a soutenu si longtemps une lutte énergique, qui s'est heureusement terminée par un triomphe éclatant, on éprouve de la satisfaction à proposer, pour la rédaction et pour la vérification des listes, un mode d'une simplicité et d'une exactitude incontestables. Ce mode, en ôtant au pouvoir la pensée de falsifier les listes, par la raison que la fraude serait très-facilement et très-sûrement découverte, le maintiendrait nécessairement dans une ligne de vérité et de justice, où se trouvent à la fois l'estime et la confiance, sans lesquelles le Gouvernement ne saurait conserver l'influence et la force indispensables pour rendre la direction

des affaires publiques toujours facile et fructueuse.

En exposant , comme on l'a vu plus haut , un
moyen de peréquation du revenu imposable ;
en ajoutant à ce résultat toute la régularité dont
les rôles sont susceptibles ; en réunissant enfin
dans notre répertoire cantonal , dont le modèle
est joint , les cotes de chaque contribuable,
nous croyons avoir préparé les voies d'un mécanisme électoral capable d'assurer l'exactitude
et la sincérité des listes.

L'extension du cercle électoral , que le temps
et les progrès de nos mœurs politiques amène-
ront nécessairement , rendra ce procédé de plus
en plus précieux. Avec les éléments dont il se
compose, l'autorité peut reconnaître et constater les droits de chacun ; elle n'a pas besoin
pour cela d'une production de pièces ordinairement gênante, et sujette à dépense pour les électeurs qui sont tenus de la faire.

Le répertoire , déjà cité tant de fois , est disposé de manière à faire connaître au chef-lieu
de canton du domicile réel ou du domicile élu
le revenu imposable de tout propriétaire, quelle
que puisse être la situation de ses biens. Il suffira
donc, pour savoir le montant de la contribution,
lors de la révision annuelle des listes , de multi-

plier, par le centime de répartition proportionnelle, le revenu imposable mentionné au cadre
intitulé : Extrait des rôles.

Si quelques-uns trouvaient blessante pour
les susceptibilités de l'amour-propre l'énonciation du montant de la contribution dans les
listes électorales, on pourrait, par ménagement
pour ce léger travers de l'esprit humain, cesser
d'exposer aux regards des curieux ces différences de fortune.

On pourrait même pousser plus loin encore
le respect de l'administration pour le scrupule
de la vanité, qui tient, comme on le sait, une
certaine place dans les affaires de ce monde, en
s'abstenant d'expliquer dans cette nomenclature
annuelle d'électeurs les causes des radiations ou
des rectifications.

Il suffirait d'émarger chaque nom du simple
mot « électeur ou éligible. » Ceux qui mettraient
en doute la vérité de cet émargement, ou qui
voudraient se rendre compte des radiations opérées, pourraient se satisfaire, en allant au bureau
consulter le répertoire des faits, qui serait ouvert à tout venant, moyennant une faible rétribution.

Ce répertoire donnerait en même temps des
notions sur l'âge et sur les droits civils, qui

sont exigés pour l'exercice du droit électoral.

Ainsi le travail des assemblées cantonales deviendrait exempt d'embarras et de difficulté. On se bornerait à remettre au receveur d'enregistrement du canton un exemplaire de la liste électorale : celui-ci l'apostillerait, en la comparant avec le répertoire, des changements survenus dans l'impôt de chaque électeur; il ferait connaître ceux des contribuables qui auraient acquis le cens, puis il remettrait la liste, ainsi apostillée, au président de l'assemblée, à l'époque de la révision.

Cette opération se compléterait par les renseignements que les percepteurs sont appelés à donner sur les autres branches de contributions directes, telles que patentes, personnelle, mobilière, portes et fenêtres, etc.

De cette manière, nul électeur ne pourrait demeurer sur la liste en contravention à la loi, et tout contribuable réunissant les conditions légales pourrait y être inscrit d'office.

En donnant aux tiers la faculté de vérifier les faits, la publicité de ce répertoire aurait l'avantage de mettre l'autorité à l'abri des suspicions de l'esprit de parti et à couvert de la calomnie, qui affaiblit toujours la juste et nécessaire influence du pouvoir.

TITRE IV.

**Sacrifices imposés à la propriété par le droit d'enre-
gistrement et par la vénalité des offices.**

CHAPITRE PREMIER.

DROIT D'ENREGISTREMENT.

Ceux qui ont une idée pratique de cette institution, si heureusement imaginée pour déjouer les manœuvres de la mauvaise foi, en
donnant aux conventions civiles une fixité inal-
térable, savent quels fâcheux effets le taux exa-
géré du tarif engendre chaque jour.

Cette exagération, qui n'a cessé de s'accroître
avec le temps, a mis, à côté des avantages que
la société retire de cette ingénieuse formalité,
un véhicule de fraude dépravateur et désastreux.

Pour diminuer le droit perceptible sur les
dispositions des actes, on s'évertue à leur
donner une forme, un caractère qui puisse, en
en voilant l'esprit et les effets, dérouter le percepteur et engendrer une perception moins
forte. Tantôt, pour couvrir une soulte de biens

immeubles, on fait entrer dans la masse partageable des valeurs mobilières qui n'existent pas dans la succession, puis on les met fictivement à la place de la soulte, qui est réellement payée en argent. Tantôt on déguise un retour en matière d'échange, en exagérant le revenu de l'immeuble qui, en réalité, vaut le moins. Une autre fois on simule les prix de vente, on fait des contre-lettres, ou enfin on se livre à des combinaisons qui nuisent à la clarté des conventions, et deviennent plus tard des causes de procès.

Mais le plus funeste de ces abus consiste dans la simulation des prix de vente. Ce moyen frauduleux, conseillé par l'énormité du droit, qui dévore d'un coup deux années au moins du revenu des biens transmis, a des effets affligeants. Les créanciers hypothécaires, les femmes, les mineurs, et les contractants eux-mêmes, en sont souvent victimes. La portion de prix non portée dans le contrat est ordinairement une perte pour les créanciers, qui, ne venant point en ordre utile sur le prix ostensible de la vente, auraient pu être payés par cette portion laissée en dehors du contrat.

On peut, nous dit-on, remédier à cette fraude par l'exercice de la surenchère. Mais cette voie n'est-elle pas une triste ressource ? La complication de la procédure, les suites d'une nullité on ne peut plus facile à commettre, la difficulté de trouver une caution, et souvent le manque d'argent pour payer les autres créanciers, si l'événement veut que le surenchérisseur reste adjudicataire, ne sont-ils pas un obstacle bien des fois insurmontable ?

Cette même portion de prix simulée compromet nécessairement les intérêts de ceux qui, dans les partages ou liquidations de successions, peuvent avoir des reprises à exercer au sujet des biens vendus.

Enfin, l'acquéreur, en cas d'éviction, est lui-même exposé à perdre la somme non exprimée dans le contrat ; et, en supposant qu'il soit porteur d'une contre-lettre, et qu'il veuille en faire usage, une amende considérable attachée à cette contre-lettre pèse sur sa bourse, sans compter le danger de l'annulation de cette pièce par l'autorité judiciaire, comme chose défendue par la loi.

Ce sont, en un mot, des semences inépuisables d'embarras et de dommages dans les intérêts transactionnels.

Cette fraude, l'expérience nous l'enseigne, ne roule pas sur un capital de moins de 400 millions par année, quart environ des prix de vente réellement convenus entre les parties qui achètent et celles qui vendent. On peut juger par là de tous les dommages qui peuvent être la suite de cette déplorable fraude, dont l'extirpation serait à elle seule un bienfait immense.

La voie de l'expertise, accordée par la loi, est un moyen de répression impuissant. Les préventions qui existent contre le fisc, et l'influence toujours facile des contrevenants sur les experts, rendent cette arme presque toujours inutile.

Il ne saurait y avoir à ce mal désastreux qu'un seul et infaillible remède, le changement de la base de perception. Il faudrait ne plus prendre les prix de vente pour l'assiette et la supputation des droits.

Ce changement, le voici : il est la suite naturelle de la peréquation du revenu imposable que nous avons proposée. En effet, lorsque, par le mode dont nous avons donné l'explication au chapitre du revenu imposable, on aurait mis sur tous les points du territoire ce revenu en rapport avec la valeur vénale, rien n'empêcherait de tarifer le droit de vente à tant de fois ce revenu : ainsi, pour citer un exemple, si ce revenu, par le travail général de peréquation, se trouvait fixé à trois pour cent de la valeur vénale, on obtiendrait, en le doublant, un produit égal à la recette aujourd'hui procurée par le droit de vente, qui est de 6 francs 5 centimes pour cent.

On pourrait se servir de la même échelle pour graduer le droit perceptible sur les transmissions immobilières de toute nature, de manière à tirer de ces mutations les subsides qu'elles *fournissent à présent.*

Par ce procédé, la fraude deviendrait évidemment impossible, puisque la perception prendrait sa source dans un document qui n'est point à la disposition des parties contractantes, et qui est d'ailleurs à l'abri de toute altération; et les droits des tiers, à présent exposés à mille chances de dommages, se trouveraient efficacement protégés.

Ce mode offrirait, de plus, l'occasion d'une précieuse mesure, la diminution des tarifs. En les abaissant d'un quart, somme égale à la fraude actuelle, les produits, désormais à l'abri des atteintes de l'esprit de contravention, n'affaibliraient pas les ressources du trésor, qui, loin de là, s'accroîtraient sans cesse des recettes occasionnées par le progrès de la richesse publique, et par la multiplication infaillible des affaires transactionnelles.

Il est incontestable, en effet, que si la bonne foi et la vérité présidaient aux stipulations de prix dans tous les contrats, on obtiendrait avec un tarif de 4 fr. 50 c. p. $\%$ les mêmes produits au moins qu'avec le tarif actuel qui est de 6 fr. 5 c.; en sorte qu'en élevant le nouveau tarif au même point que l'ancien, et en mettant à la fois un obstacle insurmontable au génie de la fraude, on procurerait bien clairement au trésor une augmentation de recette de 20 à 30 millions. Mais c'est un denier qu'il faut bien se garder de lui offrir : notre qualité de financier ne nous empêche pas de désapprouver hautement les impôts qui, par leur exagération, ralentissent démesurément l'essor des améliorations industrielles ; et, bien loin de demander aux mutations de biens immeubles un tribut supérieur à celui qu'elles supportent à présent, nous conseillerions au contraire d'en alléger le poids, persuadé que nous sommes que ce tribut exerce déjà une influence pernicieuse sur notre économie nationale. Il comprime les ressorts de l'agriculture, auxquels on ne saurait donner trop d'élasticité pour le bien-être public et pour l'augmentation progressive des revenus de l'État.

Cet impôt, comme la contribution foncière,

a le grave inconvénient d'être mal réparti, c'est-à-dire de varier selon la position plus ou moins endettée du propriétaire qui le supporte ; son résultat est même plus fâcheux, car la contribution foncière se borne à nous priver d'une portion plus ou moins forte de notre revenu, tandis que le droit de mutation concourt à diminuer et même à dévorer notre capital.

Nous nous permettrons d'en donner un exemple :

Le propriétaire d'un immeuble valant 100,000 fr., tout bien compté, est obligé de le vendre pour payer une dette de 94,000 fr. L'acquéreur, à moins de payer la chose au-delà de sa valeur, n'en doit évidemment donner que 100,000 fr. tous droits compris ; or, 94,000 fr. payables au créancier, joints aux droits de mutation, absorbent la valeur de l'immeuble, et le vendeur qui, sans cet énorme droit, aurait pu conserver 6,000 fr. pour tout débris de sa fortune, n'a plus rien ; tout son avoir se trouve confisqué par l'impôt. On est obligé de convenir que ce vendeur, comparé à celui qui aliène des biens exempts de charges hypothécaires, n'a pas sujet de vanter la justesse de la balance distributive des droits d'enregistrement.

Il ne faut pas qu'on s'imagine, comme se le

persuadent des gens peu éclairés, que c'est l'acquéreur qui supporte le droit de mutation : l'erreur est palpable, il n'en fait évidemment que l'avance par prélèvement sur la valeur de la chose ; ce qui le prouve, c'est que si l'acquéreur que nous venons de proposer pour exemple voulait revendre immédiatement l'immeuble payé 100,000 fr. droits compris, cet acquéreur devenu vendeur n'en retirerait évidemment à son tour que 94,000 fr. ; le surplus s'engloutirait encore dans la caisse du receveur. Il est superflu de faire remarquer que nous présentons ce calcul en sommes rondes, négligeant des fractions inutiles pour l'expression de notre pensée.

Il est difficile, avec des droits aussi exorbitants, de songer aux mutations ou déplacements de propriété que peuvent faire désirer soit un changement de résidence, soit les convenances ou les besoins de l'industrie agricole, manufacturière ou commerciale. Vendre d'un côté et racheter de l'autre, c'est, avec les droits et les frais de tout genre, diminuer son capital de plus d'un quatorzième. Or, on ne saurait que reculer devant un pareil sacrifice ; il en résulte qu'une foule de mutations qui pourraient avoir lieu dans ces divers cas, si le droit était moindre, ne s'effectuent pas ; en sorte qu'il y a perte pour la société, sans avantage pour le trésor.

Nous ne saurions faire un appel trop pressant à la manifestation de l'opinion publique en faveur de la réduction des droits de mutations, et de leur assiette sur le revenu imposable, précédée du nivellement de ce revenu, qui mettrait empêchement à la fraude aujourd'hui si déplorablement exercée.

Les droits d'obligation, de quittance et de tous les actes concernant la propriété immobilière, ont aussi, la plupart du temps, le triste privilége de peser sur les propriétaires les plus obérés, d'ajouter à leur gêne, de paralyser leur industrie, et quelquefois de compléter leur ruine. Dans nos vérifications nombreuses des bureaux d'hypothèques, nous avons toujours remarqué que la plupart des emprunts n'avaient pour objet que d'éteindre une dette antérieure ; et comme, dans ce cas, la dette nouvelle s'accroît nécessairement du coût de l'obligation, joint à celui de la quittance de la dette éteinte, elle s'agrandit avec le temps au point de nécessiter impérieusement l'expropriation du gage hypothécaire.

Maintenant il nous reste à donner un mot d'explication sur la facilité de la perception des

droits d'enregistrement sur les actes de mutations d'immeubles, d'après le revenu imposable.
L'extrait cadastral qui serait joint à ces actes,
en exprimant le montant de ce revenu, comme
on le voit au modèle B placé à la suite de cet
ouvrage, donnerait les moyens de calculer le
droit de mutation avec autant de facilité que
d'exactitude.

Si des mutations comprenaient des parcelles
non imposées, ce qui arriverait rarement, l'évaluation provisoire de ce revenu en serait faite
par les parties, sauf, plus tard, la décision des
répartiteurs qui profiteraient de cette découverte
pour soumettre à l'impôt foncier ces biens mal
à propos affranchis de la taxe. Ce moyen de
découverte peut encore être regardé comme un
des bons effets de nos combinaisons.

Ce nouveau mode de perception aurait d'ailleurs le mérite d'aplanir de grandes difficultés
dans l'application du tarif : plus de discussions
sur la nature des charges regardées à présent
comme augmentation de prix ; plus de ces mi-
nutieux calculs occasionnés par des prorata de
contributions et d'arrérages de rentes, par des
réserves de jouissance, et par une foule d'autres
conditions imposées à l'acquéreur, et dont le
montant ou la valeur doit être ajouté au prix

pour la perception ; plus de procès en expertise pour simulation de prix de vente ou pour fausse évaluation de revenu en matière d'échanges, de donations, de successions ; plus enfin de ces rigueurs qui nuisent à la considération des employés, et concourent à vouer l'administration à l'inimitié publique.

Un autre avantage également digne d'intérêt s'attacherait encore à ce nouveau mode ; car dans notre système tout se lie, s'enchaîne, et conduit à de bons résultats, parce que la base en est large et bien choisie : les feuilles envoyées au directeur par les receveurs pour le service des mutations dans les matrices et dans les rôles annuels, devant être la copie des extraits qui auraient servi à la supputation du droit, le directeur serait mis ainsi à portée de vérifier la perception, et d'ordonner le redressement des erreurs qui auraient pu s'y introduire.

Il pourrait, d'un seul coup d'œil, en réunissant par nature de mutation tous les revenus qui auraient changé de main dans le courant de l'année, savoir au juste, par un simple calcul, quel serait le montant des droits engendrés par chaque espèce de transmission.

Si l'état récapitulatif des recettes opérées par les receveurs, suivant leur compte général de l'exercice, présentait les mêmes résultats, ce serait la preuve la plus certaine qu'il n'y aurait ni erreur dans la supputation des droits, ni infidélité dans le compte des recettes.

Si cette comparaison, au contraire, faisait ressortir des différences, le directeur donnerait des ordres pour que les causes en fussent éclaircies et expliquées.

Ce moyen de contrôle, en prévenant les erreurs ou les soustractions de recette, ou tout au moins en les faisant découvrir et réprimer, abrégerait singulièrement les investigations des inspecteurs et des vérificateurs, qui, par ce moyen, auraient du temps à donner aux autres opérations que la réunion du double service des contributions directes et de l'enregistrement pourrait leur départir.

La Cour des comptes, noble gardienne de la fortune publique, trouverait également dans ces combinaisons la possibilité, que lui refuse l'ordre actuel des choses, de comparer les recettes avec les faits qui les produisent, et de garantir ainsi cette branche importante des deniers de l'État contre les infidélités ou les prévarications des comptables.

En effet, si les écritures des comptables de l'enregistrement révèlent aujourd'hui à la Cour le montant de la recette qui est entrée dans les caisses de cette administration, elles lui laissent ignorer la base et la régularité de la perception, ou ne l'éclairent à cet égard que par le certificat d'agents chargés de la surveillance de ces caisses, et qui, étant eux-mêmes les appréciateurs et souvent les régulateurs de la recette, ne sauraient, quelque honorables et dignes d'estime qu'ils soient, inspirer ce degré de confiance que les faits portent avec eux-mêmes, ou qui peut résulter de l'attestation d'un fonctionnaire complétement étranger à la perception.

Ce besoin de contrôle, vainement désiré par la Cour des comptes dans l'état présent du mode de perception, pourrait être satisfait, à l'égard des droits de mutation, par la production annuelle d'un état vérifié et attesté par le préfet, contenant la récapitulation, par nature de transmission, du revenu imposable qui aurait servi d'assiette à la liquidation du droit.

Par ce moyen de contrôle, la Cour acquerrait la certitude dont elle est privée maintenant, que les droits de mutation, qui forment la plus grande partie des produits de l'enregistrement, sont régulièrement perçus, fidèlement versés dans la caisse du trésor, et à l'abri de toute influence capable d'entraîner la modération ou la remise de droits légalement exigibles.

CHAPITRE II.

VÉNALITÉ DES OFFICES.

Les effets de la vénalité des offices, en augmentant démesurément le coût des services rendus à la société par les officiers ministériels, deviennent encore pour les producteurs un obstacle au développement de leur industrie; comme le droit d'enregistrement, ils affectent gravement la propriété foncière, et retombent, la plupart du temps, sur ceux qui sont le moins en état de les supporter. Les explications dans lesquelles nous sommes entré pour faire sentir que les droits de mutation, d'obligation, de quittance, venaient naturellement diminuer le capital du vendeur et du débiteur, sont parfaitement applicables aux honoraires des contrats; les résultats sont les mêmes pour les uns et pour les autres : ils augmentent la gêne des propriétaires les plus endettés.

La plaie dévorante de la vénalité, dont la législature de 1791 semblait nous avoir délivrés pour toujours, oblige les notaires, maintenant qu'elle a reparu, à se faire payer par leurs clients, indépendamment de tous autres dus légitimes, l'intérêt du prix d'achat de l'office, augmenté sans doute d'un denier d'amortissement; car il faut bien que ce capital soit acquitté, et il est très-rare qu'il n'excède pas de beaucoup les facultés pécuniaires de l'acheteur. Ce sont naturellement les profits de l'étude qui doivent pourvoir à ces indispensables besoins; et, lorsque des honoraires légitimes ne suffisent pas, on est bien forcé de pressurer les malheureux clients, ou d'entreprendre, pour y suppléer, des spéculations condamnables, comme des événements ne l'ont déjà que trop prouvé.

Combien ne doit-on pas regretter cette aveugle inspiration de la législature de 1816, qui raviva cette plaie funeste, en concédant solennellement aux officiers ministériels, par un article de loi, sans prendre de précaution contre les abus, le droit de présenter leurs successeurs à la nomination du Roi!

Sans doute il était raisonnable et juste, mais sous le point de vue moral seulement, de laisser aux notaires la faculté de désigner leurs successeurs, comme une garantie de la responsabilité qui pèse sur eux, comme un abri contre le danger de falsifications faciles et coupables que pourrait commettre le dépositaire infidèle des minutes et des pièces de l'étude ; sans doute encore il était naturel de leur laisser le choix de successeurs non-seulement probes, mais de plus instruits, dévoués et reconnaissants ; capables de défendre avec zèle et succès les réclamations injustes qui pourraient leur être faites par des clients mécontents ou chagrins des suites de quelque affaire.

Mais ce besoin purement moral n'était-il pas raisonnablement satisfait par l'exercice d'une prudente tolérance ? Le Gouvernement savait apprécier ces puissantes considérations. Jamais, avant la loi de 1816, il ne refusait de nommer les successeurs désignés, lorsqu'il avait la certitude qu'ils unissaient à une moralité bien établie les autres conditions voulues par les règlements. De cette manière, il n'était pas désarmé contre les abus de la présentation ; on ne pouvait pas lui opposer ce droit de propriété, qui est si puissant aujourd'hui. Il était libre, en un mot, de concilier, par le sage emploi de son autorité, la sécurité due à l'officier ministériel qui se retire, avec la protection bien légitime des intérêts généraux, intérêts gravement affectés, à l'heure actuelle, par des traités dont tout le poids retombe sur la société, et qui sont bien plus dictés par l'influence de l'or que par la satisfaction de la garantie morale dont nous venons de parler.

Le pouvoir législatif pouvait être fondé jusqu'à un certain point à compenser, par la concession légale du droit de présentation, le léger sacrifice pécuniaire que la pénurie du trésor demandait, à cette époque, aux officiers ministériels ; mais en même temps il aurait dû expliquer qu'il n'entendait pas rétablir la vénalité anéantie par les lois antérieures, et tout-à-fait incompatible avec le nouvel ordre politique de la France. Loin de là, il garda le silence ; le Gouvernement de son côté, moins peut-être par insouciance des intérêts généraux que pour se ménager des influences électorales qui n'en tournèrent pas moins contre lui, laissa percer et se fortifier à l'ombre de ce droit de présentation mal contenu, le principe de vénalité qui avait encore sa racine dans le passé.

Il en résulta que les mutations d'office devinrent nombreuses, et se firent à des prix de plus en plus élevés. Ceux qui se retiraient, satisfaits de la gratification dont une imprudente tolérance les avait généreusement dotés, consultaient bien moins les qualités morales des concurrents, que leurs facultés pécuniaires. Bientôt des ruines déplorables, suite de spéculations conseillées par l'impuissance de payer les prix d'achat avec le produit des honoraires, signalèrent les premiers effets de la vénalité.

Mais cet enseignement fut méconnu du pouvoir. Au lieu de prendre des mesures pour conjurer le mal à sa source, au lieu d'expliquer le sens de la loi, et de faire comprendre par une interprétation législative, s'il en était besoin, que le droit de présenter un successeur, accordé dans une pensée de pure bienveillance pour une garantie digne de protection, n'impliquait pas nécessairement le droit de mettre en quelque sorte les offices à l'enchère, on confirma par la loi du 21 avril 1832 le principe de la vénalité qui n'était qu'en germe dans la loi de 1816 ; on établit en un mot un droit d'enregistrement sur les mutations d'office. Une préoccupation exagérée des besoins du trésor pouvait seule empêcher d'apercevoir les conséquences funestes de ce fâcheux impôt.

Après son établissement, que les officiers ministériels accueillirent avec un secret plaisir, bien sûrs que cet impôt retomberait en définitive sur le public, tout en consacrant sur leur tête un droit de propriété qu'on aurait bien pu

leur contester sans violer pour cela les dispositions de la loi de 1816, les transmissions d'office se multiplièrent à un point incroyable, et
se firent à des prix qui n'eurent plus de bornes.
Ce serait un curieux document, digne de sérieuses
réflexions, que le tableau du mouvement des offices depuis 1832. On y remarquerait des offices achetés et revendus dans la même année,
moyennant un bénéfice de quelques milliers de
francs sur le prix d'achat, et l'on en compterait
bien peu dans les mains de titulaires ayant seulement dix années d'exercice. Cette déplorable
mobilité des offices doit donner une idée de l'esprit de spéculation qui préside à ces sortes de
transmissions, et faire sentir le besoin d'éloigner ce blâmable penchant des nobles fonctions
du notariat, dans l'intérêt de ce corps respec-
table, autant que dans l'intérêt de la société ;
car la considération de l'un et la confiance de
l'autre ne sauraient s'affaiblir sans qu'il en ré-
sultât pour les deux un dommage considérable.

Un aperçu établi sur des relevés comparatifs
formés avec autant d'exactitude que la matière
a pu le permettre, démontre qu'en 1828, l'intérêt du capital représentant à cette époque la
valeur des offices de notaire seulement, s'élevait à 30 millions à peu près. La même suppu-

tation nous apprend qu'aujourd'hui cet intérêt n'est pas au dessous de 50 millions.

En sorte qu'en 1816, pour colorer la demande de quelques millions à titre de supplément de cautionnement, dont l'Etat paie l'intérêt, et en 1832, pour ajouter au revenu public la modique somme d'environ 500,000 fr., on est parvenu à livrer les offices au privilége de la richesse, et à grever le pays d'un tribut accablant, accompagné des germes du plus triste agiotage. Cela fait voir combien sont fécondes en mauvais résultats les mesures financières qui ne sont pas préparées et mûries avec la méditation nécessaire; et combien est regrettable la précipitation avec laquelle se vote ordinairement le budget des voies et moyens.

Cette déplorable situation, qui ne pourrait que s'aggraver encore avec le temps, demande un remède complet, énergique, efficace, auquel il faudra bien qu'on se résigne quelque jour; si l'on veut délivrer le pays de ce nouveau lien, qui entrave le mouvement des affaires, décourage l'agriculture, et ralentit la prospérité générale.

Ce remède ne nous paraît point impossible aujourd'hui, malgré la profondeur du mal et la difficulté de concilier ce que nous appellerons les droits acquis, avec les intérêts généraux du pays.

Si notre voix était assez forte pour se faire entendre au milieu de toutes celles qui sont naturellement appelées à la couvrir, nous proposerions de racheter et d'éteindre, pour cause évidente d'utilité publique, la vénalité des offices, et de le faire avec une générosité capable d'apaiser les justes regrets des expropriés.

Le Gouvernement commencerait par s'enquérir de la valeur actuelle de chaque office. A cet effet, il consulterait l'administration de l'enregistrement sur le nombre moyen des actes enregistrés pendant les cinq dernières années, et sur leur importance déterminée principalement par les droits qu'ils ont produits. On prendrait pour échelle de comparaison et d'appréciation les prix d'achat avoués ou connus. On formerait une moyenne de ces prix par arrondissement ou par département; on en ferait ensuite l'application à chaque office, eu égard au nombre moyen des actes et à leur importance présumée, d'après les droits d'enregistrement y relatifs. Cet aperçu serait communiqué aux chambres disciplinaires, puis au ministère public. Chacun fournirait séparément ses observations, son avis et ses conclusions sur les valeurs proposées. Ensuite on ferait fixer par jugements des tribunaux, ou, en cas d'appel, par arrêts des Cours royales, le prix définitif de chaque office.

Une mesure analogue devrait être prise à l'égard des charges dont les actes ou opérations sont étrangers à l'enregistrement, mais dont le nombre et la valeur peuvent néanmoins se révéler par d'autres signes.

Après ce point capital, on formerait, pour les actes des notaires, un tarif sagement combiné et proportionné aux valeurs faisant l'objet des conventions, tarif assez élevé pour procurer à la fois une existence honorable en rapport avec le travail du notaire, pour le couvrir de l'intérêt annuel du prix vénal de l'office, et pour former en outre un fonds d'amortissement versable à la caisse des dépôts et consignations par les receveurs de l'enregistrement, qui le toucheraient directement des officiers ministériels, soit à mesure de l'enregistrement des actes, soit à la fin de chaque mois.

Ce fonds s'accroîtrait : 1° d'une somme que tout nouveau titulaire prendrait l'engagement de verser à la caisse des consignations, comme condition de sa nomination, et qui serait fixée, selon les besoins présumés du fonds d'amortissement, au tiers ou au quart du prix estimatif de l'étude, déterminé par le travail général dont il vient d'être question ; 2° du tiers ou du quart, suivant le denier de nomination ci-dessus, des produits de la portion du tarif destiné à couvrir l'intérêt de la valeur intégrale de l'office, suivant le tableau général d'appréciation déjà cité ; 3° enfin, de la totalité des produits du tarif, distraction faite de la quotité généralement affectée au travail du notaire, pour tout office de création nouvelle que l'utilité publique générale ou locale pourrait rendre nécessaire.

Cette combinaison aurait, comme il est facile de le voir, l'avantage de maintenir entre les notaires l'égalité du tarif ; chacun toucherait et conserverait les sommes qui seraient en rapport avec son travail, la valeur originaire de l'étude ou le denier d'entrée.

Avec ces ressources qui pourraient être calculées de manière que dans 20 ans l'opération du rachat fût terminée, la caisse des consignations rembourserait à chaque notaire sortant, après toutefois l'accomplissement de certaines conditions d'âge et de durée d'exercice, ou rembourserait à ses héritiers, en cas de décès, le montant du capital auquel aurait droit lui ou sa succession.

Des mesures devraient être prises pour qu'à l'avenir toute proposition de successeur fondée sur des engagements pécuniaires fût découverte et sévèrement punie. Cependant on pourrait tolérer la cession du recouvrement de l'office, mais à condition d'en justifier le prix par l'état authentique et détaillé des sommes à recouvrer.

Les honoraires exigés en vertu du tarif devraient toujours être énoncés dans une colonne particulière du répertoire des actes, et, en outre, détaillés sur la minute et sur l'expédition qui en serait délivrée, de manière que la vérification en fût toujours facile et sûre.

La marche que nous venons de tracer pour les notaires serait suivie pour les greffiers, les commissaires-priseurs et les huissiers.

A l'égard des autres charges ou offices, pour lesquels un tarif serait également formulé, on aviserait à une vérification complète et certaine par l'établissement d'un livre d'ordre tenu jour par jour par chacun des titulaires. Cela se pratique ainsi dans les conservations d'hypothèques, où l'on ne s'écarte jamais du tarif, ni pour la perception, ni pour son enregistrement sur le registre d'ordre, parce qu'on a la certitude que toute exaction ou omission serait punie, pour la première fois, au moins d'un changement d'emploi désavantageux, et pour la seconde, de la révocation.

Lorsque le fonds d'amortissement serait arrivé à la somme capitale jugée suffisante pour assurer le remboursement entier des charges ou offices, le tarif subirait le retranchement de la quotité originairement destinée à composer ce fonds.

La rédaction d'un tarif présente certainement de nombreuses difficultés; mais, quelque embarrassante qu'en puisse être la solution, elle ne saurait être désertée devant les puissantes considérations qui réclament impérieusement l'exécution de cette mesure. Cette importante question a déjà fait l'objet de plusieurs pétitions adressées à la Chambre des députés, où elles ne furent malheureusement pas soutenues avec la chaleur qu'elles méritaient.

On s'est arrêté devant l'impossibilité de tarifer certains contrats. On a craint d'être injuste en soumettant à l'inflexibilité du tarif une rédaction peu importante par son objet, mais néanmoins précédée de recherches, d'étude et de travaux épineux qu'on ne saurait équitablement prévoir ni apprécier. C'est, nous devons le dire, une objection bien futile en présence des graves intérêts froissés par l'absence de cette prudente

mesure. Et quel est donc le nombre de ces contrats d'une rédaction si lente et si pénible, qu'il
faille lui sacrifier les nombreux millions que
l'absence d'un tarif livre à la taxe arbitraire de
l'officier rédacteur? Un ou deux sur cent, tout
au plus; eh bien! dans un système gouverne-
mental sagement organisé, une exception de
ce genre ne saurait empêcher l'établissement
d'une règle générale, dont le besoin se fait
sentir de plus en plus, et qui est sollicitée avec
instance par le vœu public.

D'ailleurs, en supposant que ces rares contrats ne pussent être formulés en vacation et
taxés sur ce pied, l'insuffisance très-exception-
nelle de leurs émoluments trouverait une ample
compensation dans la rétribution importante des
actes considérables par leur cause et par leur
objet, et dont la rédaction est à la fois simple,
facile et rapide.

Les adversaires du tarif ont aussi fait sonner
bien haut le droit de débattre les honoraires
avec les officiers ministériels, les garanties de
la concurrence, et enfin le droit de recourir à la
taxe du juge. Ces raisons, il nous semble, ont
peu de valeur et de force devant les résultats et
les enseignements de l'expérience. L'expérience
nous apprend que ces prétendues garanties n'ont

empêché ni les abus dont on se plaint généralement, ni l'élévation progressive des prix d'office, ni les germes de dissolution morale et de ruine qu'elle renferme. Le débat préalable des honoraires! il a quelque chose d'humiliant, tout-à-fait inconciliable avec la dignité ou du client ou du notaire, dignité qui l'exclut nécessairement. La concurrence! elle n'est pas possible dans la plupart des situations, soit à cause des distances, soit pour conserver l'avantage d'avoir dans la même étude les diverses affaires de la famille, qui ont souvent entre elles un enchaînement qu'on n'aime pas à rompre. D'ailleurs, il peut être question d'affaires qui ne soient que le complément d'affaires commencées, et pour lesquelles il y ait nécessité de garder des ménagements avec le notaire; il peut y avoir entre lui et son client des liens d'intérêt indissolubles, des avances pécuniaires à régler, des convenances sociales à respecter, toutes choses dont on conçoit la gravité, et qui ne permettent guère de songer à la discussion des honoraires. La taxe! c'est une rupture complète, et la perte de tous les avantages de la bonne intelligence qu'un homme sage et prudent met toujours au dessus de quelque sacrifice pécuniaire.

Nous le répétons, un tarif sagement combiné,

soumis à une surveillance vigilante et active, qu'il ne serait pas permis d'enfreindre, sous des peines graves, lors même qu'on alléguerait la générosité, la volonté du client, serait, à notre avis, le meilleur préservatif contre les abus actuels.

Ce tarif pourrait, si nous ne nous trompons, se modeler convenablement sur celui des droits d'enregistrement; savoir : une rétribution fixe pour les actes simples, tels que procuration, main-levée, certificat, etc., etc.; et une rétribution graduelle et proportionnelle pour les actes portant transmission de valeurs quelconques, obligation, quittance, liquidation, partage, constitution dotale, mise sociale, et autres dispositions dont l'importance se révèle par l'estimation ou par le montant des valeurs.

Ces valeurs seraient déterminées, pour l'assiette et la supputation des émoluments, par les sommes ou par la stipulation des prix formant l'objet principal de la convention, et, à défaut, par les évaluations que les parties seraient tenues d'en faire dans les actes mêmes.

On trouverait dans cette combinaison, en attendant que les droits d'enregistrement et de mutation s'établissent sur le revenu imposable, comme nous l'avons proposé, un puissant frein aux simulations de prix dont nous avons signalé les fâcheux résultats au chapitre précédent à l'égard du trésor, des créanciers, des femmes, des mineurs et des acquéreurs eux-mêmes. Il est permis de croire, en effet, que les notaires se prêteraient difficilement à des simulations très-répréhensibles en elles-mêmes, et qui leur porteraient, en outre, un préjudice notable; car leurs émoluments devraient être nécessairement calculés sur cette base, sans la dépasser sous quelque prétexte que ce pût être. Comme, dans cette circonstance, l'intérêt isolé des parties contractantes aurait contre lui l'intérêt réuni du trésor et du notaire, il est probable qu'il serait très-rarement le plus fort. Considéré sous ce point de vue, l'établissement du tarif acquiert un nouveau degré de nécessité et d'utilité sociale.

TITRE V.

Régime hypothécaire.

—

INTRODUCTION.

Nous arrivons au principal objet de notre œuvre, au régime hypothécaire, dont les imperfections, connues de tout le monde, appellent un remède sollicité depuis longtemps.

Nous avons lieu de croire que ces imperfections seraient effacées complétement par les combinaisons que nous allons successivement dérouler, si elles étaient adoptées et mises en pratique.

Nous ne dirons ici qu'un mot sur l'objet et sur les avantages du régime hypothécaire; ils sont ignorés de peu de monde. Nous pensons d'ailleurs en avoir fait une récapitulation suffisante dans notre exposé préliminaire.

Nous énumérerons ensuite les vices et les lacunes reprochés au système actuel, de manière que les moyens que nous proposerons pour y mettre un terme puissent se mieux classer dans l'esprit du lecteur, et obtenir le degré d'attention que réclame leur importance.

Le régime hypothécaire, c'est la publicité de tous les faits qui modifient ou transmettent la propriété immobilière, et qu'il est indispensable qu'on sache, lorsqu'on veut acquérir des biens ou prêter son argent avec la certitude de n'être pas trompé ; c'est la garantie de la propriété, l'ordre et le rang dans lequel s'exercent les droits des créanciers qui ont confiance en ce gage immobilier.

Cette institution, ingénieusement organisée et conduite avec intelligence, doit donner à la fortune foncière tout le crédit qu'elle mérite et qu'elle recherche ; crédit immense, si l'on considère la richesse de notre sol et les heureuses qualités de notre climat. Elle doit offrir en même temps aux capitalistes toute la sécurité qu'ils ont droit d'attendre, lorsqu'ils consentent à remettre leurs capitaux aux mains des propriétaires. Il est aisé de concevoir, en effet, quel développement de richesse agricole, manufacturière et commerciale, doit naître de la satisfaction de ce double besoin de crédit d'une part, et de sûreté de l'autre.

Mais si la publicité de tous les actes translatifs ou modificatifs de la propriété est indispensable

pour la constitution d'un bon système d'hypothèques, la publicité des faits qui modifient la
capacité des personnes n'est pas moins nécessaire pour la sûreté des engagements ; car à quoi
servirait la connaissance exacte de l'état de la
propriété, si l'on traitait avec une personne
privée du droit de contracter valablement, c'est-
à-dire avec une personne dont les actes nuls ne
sauraient être suivis d'effet ?

Maintenant cette double publicité existe-t-elle
complète et satisfaisante ? Non, évidemment
non.

Car l'interdiction, le conseil judiciaire, la
privation des droits civils, la faillite, états divers qui ôtent aux citoyens placés sous leur
influence le droit de stipuler d'une manière
valable, ne sont portés à la connaissance publique que par des journaux et des affiches, dont
l'existence éphémère ne saurait être un gage de
confiance dans la plupart des cas.

Non, car la transcription des contrats, facultative qu'elle est, ne peut être une garantie
contre une première aliénation, contre une
cession d'usufruit, contre une condition de retour ou de réméré, en un mot, contre l'aliénation partielle de la propriété, à quelque titre
que ce soit ; toutes choses par lesquelles peut

facilement se commettre le délit de stellionat.

Non, car les baux et les antichrèses qui, par
de certaines manœuvres, peuvent réduire considérablement la valeur vénale des immeubles
frappés d'hypothèques, n'entrent pas dans le
cercle actuel de publicité hypothécaire.

Enfin non, car des priviléges non inscrits au
moment où des tiers viennent contracter avec
le débiteur, puis des hypothèques légales affran-
chies de l'inscription, peuvent venir plus tard
troubler des droits qui se sont établis de bonne
foi, privés qu'ils étaient de tout moyen de se
mettre en garde contre ces faits environnés de
ténèbres, et qui finissent par leur ravir le gage
sur lequel ils comptaient.

La tâche que nous nous sommes imposée
consiste donc à présenter les moyens les plus
propres à corriger ces défauts et à combler ces
lacunes.

Mais ce ne serait que répondre imparfaite-
ment au besoin de crédit et de confiance que la
propriété et le numéraire éprouvent mutuelle-
ment, pour former ensemble d'utiles transactions, si notre proposition se restreignait à
l'énoncé d'un mode de publicité, quelque sûr et
complet qu'il pût être.

Nous avons jugé nécessaire d'y joindre des combinaisons propres à constituer la spécialité la mieux entendue ; car celle qui est maintenant en usage est loin de réaliser les espérances que les législateurs de l'an XII avaient conçues de ce puissant moyen de crédit.

L'intérêt de la propriété et de la multitude d'existences qu'elle alimente , exige que tout possesseur d'immeubles , qui n'a donné en garantie que certaines portions déterminées de son héritage , conserve la liberté de vendre le surplus, sans être exposé à des entraves, à l'époque du paiement, par l'effet de désignations insuffisantes, qui souvent portent le conservateur à confondre dans ses écritures les portions d'immeubles vendues , avec les portions hypothéquées.

Ce même intérêt réclame que tout grevé d'hypothèques générales puisse facilement obtenir la réduction de ces hypothèques aux seuls biens nécessaires à leur sûreté, afin de pouvoir disposer librement du surplus.

Nous n'avons pas oublié non plus de parer à un autre inconvénient d'une extrême gravité, la confusion des individus portant le même nom patronymique dans les livres de la conservation, source d'une multitude d'erreurs qui nuisent au crédit de l'un ou de l'autre, causent d'énormes frais en suscitant des poursuites d'ordre inutiles, et paralysent la circulation du numéraire.

Un autre besoin, peut-être le plus pressant de tous, et qui a échappé à l'attention de ceux qui, jusqu'à présent, ont proposé des projets de réforme hypothécaire, ce sont les frais que les formalités occasionnent, et qui, en raison de l'extrême morcellement de la propriété et de la modicité de la plupart des affaires, contraignent les nouveaux possesseurs à négliger la purge des hypothèques, au risque d'être évincés plus tard, de soutenir un procès, ou de payer deux fois. Nous ne pouvons mieux justifier cette assertion qu'en citant deux décisions du ministre des finances, en date des 27 juillet 1821 et 25 mai 1825, qui dispensaient les agents du Gouvernement de remplir les formalités de purge hypothécaire, à l'égard des acquisitions faites pour cause d'utilité publique, lorsque le prix ne s'en élevait pas au dessus de 100 fr., à cause des lenteurs de ces formalités, et surtout des frais qu'elles occasionnaient en trop grande disproportion avec la valeur de l'immeuble. Ces décisions ont été abrogées en 1837 par un avis du Conseil d'état, motivé sur les nouvelles dispositions de la loi du 7 juin 1833, relative aux expropriations pour cause d'utilité publique. Mais il ne résulte pas moins de notre système actuel, que la petite propriété se trouve, par la force des choses, privée des avantages du régime hypothécaire : vice immense dans notre pays, où la propriété, déjà morcelée à l'excès, tend chaque jour à se diviser davantage.

Nous n'avons pas négligé de porter remède à ce grave défaut dans les nombreuses dispositions de notre plan, où nous avons d'ailleurs introduit des améliorations d'un moindre intérêt, mais toutefois très-désirables, qu'il serait trop long d'énumérer dans ce sommaire.

Nous entrons en matière dans l'ordre suivant :

Chapitre 1er. Suppression des bureaux d'hypothèques actuels.

Chap. 2. Domicile des contractants.

Chap. 3. Publicité des actes qui modifient la capacité des personnes.

Chap. 4. Publicité des faits qui modifient la propriété en influant sur sa valeur.

Chap. 5. Titres de propriété.

Chap. 6. Appréciation de la valeur des biens.

Chap. 7. Priviléges.

Chap. 8. Hypothèques.

Chap. 9. Mode de conservation.

CHAPITRE PREMIER.

SUPPRESSION DES BUREAUX D'HYPOTHÈQUES ACTUELS.

Nous sommes obligé, pour démontrer les avantages de la mesure dont ce titre est l'objet, de dire quelques mots sur l'organisation actuelle des bureaux d'hypothèques et sur les attributions qui s'y rattachent.

Il y a maintenant un bureau dans chaque arrondissement communal : ce bureau est placé dans la commune où siége le tribunal de première instance.

Les fonctions du conservateur consistent à porter sur un registre (art. 2200 du Code civil), jour par jour, et par ordre numérique, les remises qui lui sont faites d'actes de mutations à transcrire ou de bordereaux de créances à inscrire.

La date et le numéro de ce dépôt de pièces ainsi constatés d'une manière invariable, le conservateur fait sur des livres spéciaux les opérations de transcription et d'inscription pour lesquelles ces actes et bordereaux lui ont été remis. Ces opérations doivent suivre nécessairement, à l'égard de la date et du numéro, l'ordre de l'enregistrement des remises de chaque pièce. Tout dommage qui pourrait être la suite de l'interversion de cet ordre engagerait la responsabilité du conservateur.

Lorsque ces opérations sont terminées, on en fait le report par simple apostille, sous le nom du vendeur et de l'acquéreur s'il s'agit de vente, et sous le nom du grevé s'il s'agit de constitution d'hypothèque, sur un livre d'ordre appelé répertoire. Ce livre est appuyé d'une table alphabétique destinée à faciliter la recherche du nom.

Le devoir du conservateur est, après cela, de donner à tout requérant des certificats sur la situation hypothécaire des individus possédant des immeubles dans le ressort de son bureau, et sur laquelle on manifeste le désir de s'éclairer.

Pour fournir ces certificats, le conservateur est obligé de consulter la table alphabétique des noms ; elle le renvoie au répertoire, lorsque la personne objet du certificat a donné matière à transcription ou à inscription, et ce répertoire, où ces formalités se trouvent récapitulées, le renvoie à son tour aux registres mêmes qui les contiennent, en lui indiquant le numéro et la date qu'elles y occupent.

Telles sont, sauf quelques autres opérations concernant les saisies immobilières, les subrogations, les radiations d'hypothèques, etc., qu'il est inutile de décrire ici, les travaux et les devoirs des conservateurs d'hypothèques.

Maintenant, examinons en quoi consistent les travaux et les obligations des receveurs d'enregistrement, qui sont aussi des agents de la même administration.

Ils consistent à porter, jour par jour, sans blanc ni intercalation, sur des registres arrêtés à la fin de chaque séance, l'analyse bien circonstanciée de ces mêmes actes de mutation d'immeubles et de constitution d'hypothèque, qui, plus tard, sont obligés, pour conquérir le rang hypothécaire, d'aller se faire transcrire ou inscrire, à la diligence des parties, dans les registres d'hypothèques, souvent à une grande distance du point de départ, de manière que le créancier le plus à proximité du bureau a toujours un avantage réel sur ses concurrents.

Lorsque le receveur a fini ses enregistrements, il en fait aussi le report par extrait, sous le nom des individus que cette formalité concerne, sur des répertoires alphabétiques; puis, quand les parties contractantes ou bien des tiers porteurs d'un compulsoire du juge demandent un extrait de l'enregistrement, le receveur en fait la délivrance en allant de son livre alphabétique au registre où l'acte est enregistré.

Voilà donc des écritures parfaitement analogues, destinées, les unes (l'enregistrement) à donner à la date des actes une fixité invariable, et à leur contenu une sorte de garantie contre toute altération, et les autres (les formalités hypothécaires) à communiquer aux hypothèques le rang dans lequel elles doivent produire leur effet.

Et, chose que nous prions de remarquer, l'enregistrement se fait toujours la minute sous les yeux, dans un délai restreint, tandis que la formalité hypothécaire ne s'effectue que sur la présentation de l'expédition ou de l'extrait des actes; d'où il suit que, nulle expédition ne pouvant être délivrée que la minute n'ait subi l'enregistrement, cette dernière formalité précède nécessairement et toujours la formalité hypothécaire.

De ce rapprochement à la suppression des bureaux d'hypothèques, il n'y a qu'un pas. Pourquoi, en effet, ne donnerait-on pas à la formalité d'enregistrement, qui a déjà le précieux avantage de fixer la date des contrats de la manière la plus positive, la vertu de fixer en même temps le rang de l'hypothèque ?

Cette heureuse innovation porte en elle-même les germes les plus féconds de perfectionnement hypothécaire.

Par elle, publicité de tous les contrats qui modifient ou transmettent la propriété ; car il n'y a aucun acte authentiquement passé qui ne soit soumis à l'enregistrement.

Par elle encore, publicité de toutes les hypothèques, et cela dans un délai très-court ; car tous les actes conférant ce droit s'enregistrent nécessairement dans les 10, 15 ou 20 jours de leur date, selon qu'ils sont notariés ou judiciaires.

Par elle, bureaux plus nombreux et plus à portée des droits et des intérêts hypothécaires, qui doivent s'y réunir et s'y conserver.

Par elle enfin, économie immense de temps et de frais dans l'accomplissement des formalités.

Mais une grande difficulté existe, qui, nous le présumons, a jusqu'à présent éloigné la pensée, qu'on ne trouve, au reste, écrite nulle part, de faire sortir ce double effet de l'institution seule de l'enregistrement : c'est l'établissement d'un point fixe où les faits puissent être livrés avec certitude à la connaissance publique.

Mais cette difficulté, fort heureusement, n'est pas insoluble; nous expliquerons dans les chapitres suivants les ressorts par lesquels on peut à la fois procurer cette révélation au lieu du domicile et à celui de la situation des biens : double moyen d'investigation et de contrôle, qui donnerait de grandes facilités au public, et préviendrait beaucoup d'erreurs.

CHAPITRE II.

DOMICILE DES CONTRACTANTS.

Pour que la notoriété des faits pût s'établir au bureau du domicile d'une manière positive et à l'abri de toute critique fondée, nous aurions besoin d'imprimer au domicile réel des propriétaires de biens immeubles tout le degré de certitude et de fixité possible.

Si le système dont nous exposons le plan parvenait un jour à mériter la sanction législative, le premier soin de l'administration devrait être de jeter dans tous les bureaux d'enregistrement le fondement du répertoire, qui est la voûte où tous les points de notre système doivent venir se résumer.

Ce premier jet consisterait dans l'inscription au répertoire (sur une feuille distincte pour chaque individu) des noms, prénoms, professions, *domiciles*, lieux et dates de naissance de tous les contribuables, et en même temps du montant de leur revenu imposable, en quelques lieux que fussent assis leurs biens immeubles. Les autres cadres du répertoire se rempliraient tout naturellement, à mesure des faits susceptibles d'y entrer.

On conçoit combien il importerait à la régularité des écritures, à la certitude des résultats, à la facilité des renvois d'un bureau à l'autre, qui jouent un rôle si important dans nos combinaisons, que les noms fussent exactement écrits, et que le domicile bien déterminé fût à couvert de toute contestation.

Le dépouillement des rôles de la contribution foncière, tels qu'ils sont à présent, ne saurait nous donner les éléments indispensables; d'abord ils ne les renferment pas tous, et, en second lieu, il serait imprudent de s'en rapporter à leur exactitude pour la dénomination des contribuables, qui s'y trouve, tout le monde le sait, remplie d'incorrections et d'erreurs.

Il serait donc de toute nécessité, pour obvier à l'insuffisance des rôles actuels, pour réparer en même temps leur fâcheuse inexactitude sur ce point, et pour établir les écritures du nouveau système sur une base exempte d'erreurs et de difficultés dans les opérations hypothécaires, qu'un article de loi imposât à chaque contribuable, sous peine d'amende, l'obligation de présenter au percepteur, en même temps qu'il paierait ses impôts, et avant l'expiration de l'année où la loi serait promulguée, un bulletin contenant ses nom, prénoms, *domicile réel*, lieu et date de naissance.

Ce bulletin devrait être délivré sans frais par l'officier de l'état civil. Après avoir servi à la rectification des noms qui auraient pu être mal écrits dans les rôles, il serait apostillé, par le percepteur, du nom de la commune où se trouvent les biens imposés ; il le serait aussi distinctement pour chaque commune, s'il y en avait plusieurs, du montant exact du revenu imposable.

Cette opération terminée, le bulletin, revêtu du certificat et de la signature du percepteur,

serait par lui transmis au receveur de l'enregistrement de la *situation des biens*, qui serait
tenu d'en accuser réception immédiate, et qui,
s'il n'était pas en même temps le *receveur du
domicile*, devrait le faire passer à son collègue
de ce *dernier lieu*, après en avoir pris et gardé
copie certifiée pour le service particulier de son
bureau ; car, nous le répétons, les faits seraient
enregistrés et publiés pour la commodité des
citoyens, autant que pour la certitude des renseignements, au lieu de la situation et à celui
du domicile.

Lorsque le dépouillement des rôles serait
complet, et que tous les bulletins seraient par-
venus à leur destination, le receveur les clas-
serait dans l'ordre alphabétique parfait, puis les
transcrirait sur son répertoire *dans ce même
ordre*, d'où naîtrait une grande facilité de recherche ; et comme ce classement ne pourrait pas
s'étendre aux noms des nouveaux propriétaires
que le mouvement de la propriété amènerait
incessamment dans les cadres du répertoire,
on obtiendrait la promptitude et la sûreté de la
recherche relatives à ces noms, par une table
auxiliaire dans laquelle, au moyen d'une combinaison facile, ils seraient distribués comme
tous les mots d'un dictionnaire.

Dès que ce travail serait achevé, le *domicile* inscrit dans le répertoire, d'après le bulletin dont il s'agit, deviendrait le *domicile légal de tuut propriétaire de biens immeubles*. Il en serait de même du domicile de tout individu qui, devenu possesseur d'immeubles après la formation du répertoire, viendrait prendre place dans ce livre d'ordre. Ce domicile une fois inscrit dans le répertoire, ou plutôt sur la première pièce destinée à devenir la base de chaque compte ouvert, ne pourrait être transporté dans un autre lieu que par la double déclaration prévue dans l'art. 104 du Code civil.

Dans ce cas, expédition de ce double acte devrait être déposée au bureau du receveur-conservateur, qui en passerait écriture sur le registre de dépôt et sur le répertoire.

Cette déclaration n'aurait d'effet que par ce dépôt suivi d'enregistrement.

Aussitôt après, ce receveur transmettrait à celui du nouveau domicile copie certifiée de la feuille du répertoire concernant le propriétaire qui aurait pris ce nouveau domicile, et joindrait à cette copie celle de toutes les pièces qui s'y rattacheraient.

Ce dernier receveur accuserait réception de l'envoi. En cas de biens immeubles ayant leur

assiette dans d'autres cantons, il s'empresserait d'informer les titulaires de ces bureaux
du changement survenu dans le domicile du
contribuable.

Par cette combinaison, le domicile de quiconque posséderait des immeubles acquerrait
un degré de certitude on ne peut plus parfait; nul propriétaire ne saurait, sur ce point,
donner le change à quiconque voudrait contracter avec lui. Supposons, en effet, qu'il voulût
désigner un faux domicile : cela tournerait contre
lui, puisque le conservateur des hypothèques
de cette localité, ne trouvant pas sur son registre-répertoire le nom de cet individu, ne
pourrait que répondre qu'il n'est pas propriétaire des biens immeubles. Si l'on affirmait cependant qu'il en possède, alors le conservateur
donnerait le conseil d'aller consulter le bureau
de la situation de ces biens, où le domicile réel
de ce propriétaire serait nécessairement énoncé.
Nous disons nécessairement, puisque le répertoire, devenu le compte ouvert de tout possesseur d'immeubles par le dépouillement des rôles
fonciers, mentionnerait le domicile de chacun,
ainsi que nous l'avons dit plus haut.

Somme toute, on saurait facilement, par le
domicile, si la personne dont on voudrait con-

naître là situation hypothécaire possède des biens immeubles, et l'on saurait avec la même certitude, par la situation des immeubles, quel est le domicile réel du propriétaire.

Le *domicile réel* devrait toujours être exprimé dans les actes susceptibles d'être publiés par le rouage hypothécaire. L'officier ministériel qui rencontrerait des difficultés à cet égard pourrait aisément les surmonter, en demandant ce renseignement au conservateur des hypothèques.

La production du bulletin destiné à former, comme nous l'avons déjà dit, la première pierre de l'édifice que nous nommons répertoire, ne serait pas aussi gênante que les adversaires de ce projet se plairont à le dire. La plupart des propriétaires sont porteurs de leur extrait de naissance; ils le présenteraient au percepteur, qui lui-même rédigerait ce bulletin avec tous les détails prescrits. L'intervention de l'officier de l'état civil deviendrait, dans ce cas, tout-à-fait inutile. Si quelques contribuables, éloignés du lieu de leur naissance, ne pouvaient produire ce bulletin par quelque circonstance indépendante de leur volonté, ils expliqueraient leur embarras, et l'administration, qui a des bras partout, viendrait à leur aide : elle saurait leur procurer cette pièce, à moins qu'il n'y eût omission d'acte de naissance ou destruction des registres de l'état civil, auquel cas on aurait recours à un acte de notoriété publique.

Mais, en supposant qu'il y eût difficulté réelle dans l'exécution de cette mesure pour quelques-uns des contribuables, ce ne pourrait être un motif pour écarter une proposition à laquelle se rattachent de si précieux avantages ; l'expérience ne nous a-t-elle pas révélé mille fois les graves inconvénients que les erreurs de noms et de faits entraînent avec elles dans les opérations hypothécaires et dans l'exécution des contrats ? Ne savons-nous pas combien de luttes judiciaires et de pertes déplorables sont résultées de l'incertitude du domicile ; et à chaque instant ne sommes-nous pas témoins du préjudice qu'éprouvent par ces entraves ceux qui attendent dans un pressant besoin la rentrée de leurs capitaux, et du dommage que ces retards causent à l'intérêt général, en ralentissant la circulation du numéraire, qui, plus active, accroîtrait les moyens de production, et par conséquent la richesse générale ?

Nous avons lieu d'espérer que ces puissantes raisons, qui recevront d'ailleurs un nouveau degré de force par d'autres développements qui seront présentés plus loin, repousseront de l'esprit de tout homme sensé les futiles considérations à l'aide desquelles on pourrait essayer de combattre cette proposition.

CHAPITRE III.

PUBLICITÉ DES FAITS ET DES ACTES QUI MODIFIENT LA CAPACITÉ DES PERSONNES.

Ces faits, qu'il importe de connaître pour traiter avec confiance, nous les avons déjà énoncés : ce sont la minorité, l'interdiction, le conseil judiciaire, la privation des droits civils, et la faillite.

Nous avons introduit dans notre répertoire, à la suite du nom de chaque possesseur d'immeubles, une case destinée à mettre sur la voie de chacun de ces faits, par le moyen d'une simple annotation qui renverrait à la source.

§ Ier. Minorité.

La minorité se révélerait par l'âge mentionné au répertoire, dans la colonne qui lui est propre.

Nous avons dit, dans le chapitre précédent,

que tout propriétaire d'immeubles devrait présenter au percepteur des contributions, dans un temps donné, un bulletin contenant, entre autres choses, le lieu et la date de sa naissance, et que les énonciations de ce bulletin viendraient se grouper dans le répertoire hypothécaire.

Il serait donc facile, par ce renseignement désormais livré à la publicité, de savoir si le propriétaire avec lequel on se proposerait de traiter est majeur ou mineur.

Nous n'avons pas besoin d'ajouter que tout nouveau possesseur viendrait nécessairement occuper une place dans ce répertoire, soit que l'objet de sa propriété lui arrivât par succession, soit qu'il lui vînt par achat.

Dans ce premier cas, le receveur de l'enregistrement ne recevrait la déclaration des héritiers qu'autant qu'ils seraient porteurs du bulletin en question, contenant, outre leurs noms, le lieu et la date de leur naissance. Dans le second, l'officier rédacteur du contrat serait tenu, sous peine d'amende, de se faire exhiber pareil bulletin, de manière que l'âge de tout propriétaire pût être et fût en effet toujours énoncé dans le répertoire, à côté de son nom.

Si cette mention n'avait pour objet que d'établir, aux yeux de tous, l'état de majorité ou de minorité des individus, nous n'insisterions pas sur la production de la pièce destinée à éclaircir ce point : nous ne voudrions pas qu'on nous reprochât d'entraver la marche des affaires par l'obtention d'un renseignement de médiocre importance, comparé aux démarches qu'il peut nécessiter; nous ne voudrions pas surtout exposer le succès de notre proposition aux dangereuses influences de la plus belle moitié de la société, ni nous exposer nous-mêmes à ses cuisantes disgraces. Pour ne pas jeter le trouble et l'inquiétude dans l'esprit de ces aimables intéressées, nous proposerons en leur faveur cet amendement : « Les conservateurs seront discrets, sous des peines sévères; défense leur est faite de révéler l'âge exact des femmes. Ils se borneront à déclarer dans leurs certificats la qualité de majeure ou de mineure. »

Nous aurions sérieusement désiré passer sous silence l'âge des personnes; mais, outre l'avantage de prévenir l'invalidité des contrats, ce renseignement a trop d'importance pour être négligé. C'est le seul moyen de mettre le conservateur des hypothèques à portée de ne plus confondre ensemble dans ses écritures des individus du même nom, et de ne plus jeter d'entraves dans l'exécution des contrats par ces déplorables et très-nombreuses erreurs qui, sans que cela paraisse, causent un dommage annuel de plusieurs millions.

Voici quelques-unes des fâcheuses conséquences de la similitude des noms : souvent elle détermine le conservateur à imputer à celui-ci les faits, les actes ou les dettes de celui-là ; et lorsque ce premier veut faire quelque emprunt sur ses biens qu'il croit libres, chacun lui ferme sa bourse. On ne lui en dit pas le motif, cela ne serait pas obligeant ; mais l'on a été au bureau des hypothèques, et l'on a trouvé que sa solvabilité n'était pas rassurante. Voilà donc son crédit affaibli, paralysé, sans qu'il en sache la cause.

A-t-il vendu des biens dont il attend le paiement avec impatience, l'acquéreur lui présente un certificat d'inscriptions, qui, il est vrai, ne le regardent pas au fond, mais qui le concernent en apparence, et c'en est assez pour autoriser et disposer l'acquéreur à retenir le prix échu, jusqu'à ce que cette situation hypothécaire soit éclaircie. En attendant, l'intérêt continue de courir, ce qui est pour l'acquéreur un préjudice notable. Si, pour s'en garantir, il fait à la caisse des consignations le dépôt du prix dont il est débiteur, et qu'ensuite il poursuive en justice la radiation des inscriptions qui affectent en apparence les biens à lui vendus, alors des frais, des retards et des pertes retombent sur le vendeur, dont cette malencontreuse similitude de noms est venue déranger les calculs et troubler les intérêts.

Quant au débiteur, dont la dette a, par cette confusion de personnes, passé sur le compte de son homonyme, il peut arriver que sa situation hypothécaire, mauvaise peut-être en réalité, mais bonne selon les écritures d'ordre de la conservation des hypothèques, devienne un piége pour le prêteur de bonne foi, mal éclairé sur les dettes de son emprunteur.

Nous savons, nous qui avons une longue expérience de l'administration hypothécaire, qui en avons observé le mécanisme et les effets avec une attention soutenue ; nous savons combien d'entraves et de dommages ont été la suite de ces erreurs de noms et de personnes. C'est une perte qui se compte annuellement par dixaine de millions.

En effet, comment reconnaître l'identité des individus, dans une nomenclature où se trouvent quelquefois sur le même registre plusieurs milliers de noms patronymiques semblables? La profession est insignifiante, car la même peut être exercée par plusieurs à la fois, le père, le fils, l'oncle, le cousin, etc., etc. Le domicile n'est pas non plus un signe certain, il est trop variable pour cela : les prénoms ne sauraient inspirer une confiance entière, car ordinairement, dans les campagnes surtout, le parrain donne ses prénoms à son filleul ; dans beaucoup de localités, il est d'usage de donner au fils aîné les prénoms de son père ; enfin on voit souvent le même individu décliner inexactement ses noms de baptême devant le notaire, tantôt par oubli, quelquefois avec calcul ; et dans un acte, tel emprunteur qui précédemment aura dit s'appeler Jean-Pierre, prendra actuellement les prénoms de Pierre-Jean, ou de Pierre ou de Jean tout court.

On comprendra maintenant quels peuvent être les suites et les dangers de ces nombreuses variantes dans la dénomination des individus.

Tout cela cesserait par la production de l'extrait de l'acte de l'état civil dont nous avons parlé, et par l'énonciation dans les registres hypothécaires du lieu et de la date de la naissance. Ce moyen de reconnaissance est infaillible; on chercherait longtemps avant de pouvoir citer deux individus nés le même jour, dans la même commune, portant le même nom et les mêmes prénoms.

Ceux qui, avant nous, ont révélé dans des écrits les imperfections de notre régime hypothécaire, ont négligé celle-là ; c'en est une des plus grandes.

Notre répertoire aurait quelque jour un immense mérite, celui de donner, sur la généalogie et la filiation des familles, des renseignements précieux, qui préviendraient beaucoup de difficultés et de procès en matière de succession. Quel meilleur moyen, en effet, pour mettre en évidence les véritables héritiers, que d'avoir à sa disposition, pour remonter à la source, la date de la naissance et la dénomination exacte des individus ; que de savoir positivement que telle personne, dont on prétend descendre, est décédée tel jour, laissant tels et tels héritiers qui, à leur tour, ont transmis leurs successions à tels et tels qui en ont payé les droits à telle époque, ou qui en ont fait le partage suivant tel acte ?

Si les combinaisons dont le répertoire est la clef obtenaient l'appui de l'opinion publique et l'agrément des pouvoirs de l'État, tout cela, au bout d'un certain temps, pourrait se trouver dans les bureaux d'hypothèques avec autant de facilité qu'un mot dans un lexique ; et combien alors de démarches, de frais et de dommages de moins pour les parties intéressées !

§ II. Interdiction, conseil judiciaire, privation des droits civils.

Ces faits s'établissent nécessairement et toujours par des actes ou jugements soumis à la formalité de l'enregistrement dans un délai fixé. Rien n'est donc plus facile que leur introduction dans le répertoire. Le greffier joindrait à la minute de l'acte ou jugement un extrait de son contenu, et cet extrait, transmis au bureau du domicile, puis, s'il y avait lieu, par duplicata au bureau de la situation des biens, servirait de texte à la publication du fait.

Sans doute il est rare, dans l'ordre actuel des choses, que l'homme instruit et vigilant ne parvienne pas, à l'aide d'informations soigneuses, à se procurer sur les points ci-dessus les renseignements qui peuvent lui être nécessaires.

Mais cette vigilance, cette instruction des affaires n'existe pas, on le sait, chez la plupart des gens qui font des acquisitions ou des prêts ; et ce qui prouve qu'on a besoin à cet égard d'éclaircissements qui manquent aujourd'hui, ou

qu'on ne peut réunir qu'avec une extrême difficulté, c'est que les recueils d'arrêts nous révèlent à chaque instant des contestations engen-
drées par des actes émanés de gens qui se
trouvaient dans l'un ou l'autre des cas énoncés
dans ce paragraphe.

Notre nouveau moyen de publicité préviendrait les procès de cette nature, par l'extrême
facilité qu'on aurait de s'enquérir des faits avant
la conclusion des affaires.

Ce moyen, à la fois commode et permanent,
évidemment préférable à ces publications éphé-
mères par voie de journaux et d'affiches, qui,
apposées les unes sur les autres, ne peuvent, la
plupart du temps, être lues, aurait de plus l'inappréciable avantage d'épargner les frais exces-
sifs que ces publications occasionnent. Il en
coûte en effet une trentaine de francs par chacune, tandis qu'on en serait quitte, d'après le
nouveau procédé, pour un franc soixante centimes, savoir : émolument du greffier, pour
l'extrait, un franc ; timbre, 35 cent. ; report
au répertoire, 25 cent.

Ce serait, pour les intéressés, une économie
annuelle d'environ un million, en y comprenant
les publications de contrats de mariage entre
époux dont l'un est commerçant, et celles

d'actes et jugements concernant les séparations de biens, qui trouvent place aussi dans les cadres du répertoire, et que, dans l'intérêt des opérations commerciales, nous avons cru devoir y faire entrer à mesure de l'enregistrement des actes, quoique ces publications soient, par leur nature, en dehors du cercle hypothécaire.

CHAPITRE IV.

PUBLICITÉ DES ACTES QUI MODIFIENT LA PROPRIÉTÉ, LA TRANSMETTENT OU INFLUENT SUR SA VALEUR.

Il ne suffit pas de mettre au grand jour les principales circonstances de l'état civil des citoyens, et de dire si, de ce côté, ils possèdent les conditions voulues pour la validité des contrats.

Il importe bien plus encore de connaître tous les mouvements de la propriété, et les diverses modifications que les circonstances peuvent lui faire subir.

Le système d'hypothèques actuellement en vigueur nous laisse dans l'ignorance de ces faits, et son silence à cet égard est une des grandes imperfections qu'on lui reproche à juste titre.

Nous nous expliquons sur ces points dans les paragraphes suivants.

§ 1er. Aliénations de propriété ou de jouissance.

Il n'est pas possible, à défaut d'une formalité publique, générale et de rigueur, de savoir si l'immeuble mis en vente ou promis en hypothèque est réellement la propriété de celui qui s'en dit propriétaire. Il peut l'avoir vendu, et s'il est resté détenteur des titres, qui ordinairement ne se remettent qu'après la libération définitive, il est complétement en position d'abuser, s'il le veut, de la confiance d'un nouvel acquéreur ou d'un prêteur. Ce nouvel acquéreur ne saurait se mettre à couvert des effets d'une première vente par la transcription de son titre, puisque cette formalité, tout-à-fait insignifiante dans l'ordre présent des choses, ainsi que nous le démontrerons en parlant du mode de purger les hypothèques, ne nuit pas à la vente plus ancienne qui n'a pa sété transcrite, et que la préférence, au contraire, appartient à celle-ci en cas de stellionat.

Ce délit, contre lequel, nous le répétons, le système actuel est impuissant, se rencontre souvent dans la pratique. Les archives des greffes nous en offrent de nombreux exemples, sans compter ceux pour lesquels on renonce à des poursuites qui n'auraient d'autre résultat, pour la victime du fait, que de lui occasionner des frais en pure perte, et de lui procurer la stérile et triste satisfaction de faire punir un coupable, que le plus souvent on aime mieux abandonner à ses remords.

Voici, entre autres, un exemple de stellionat remarquable par l'adresse de ses combinaisons. Un propriétaire vend ses immeubles, moins l'usufruit qu'il se réserve : cette rétention le laissant tranquille possesseur aux yeux de tous, il profite de l'ignorance où l'on est de la vente de la nue propriété, pour vendre encore une fois les mêmes biens avec nouvelle réserve d'usufruit. Il continue de jouir paisiblement jusqu'à son décès, comme si la propriété entière lui était restée, et ce n'est qu'à cette époque que le second acquéreur aperçoit le piége où il est tombé.

Mais sans aller aussi loin, le propriétaire de mauvaise foi a bien d'autres moyens de tromper la confiance : tantôt c'est un bail à long terme sur lequel il a touché d'avance plusieurs années de fermage; une autre fois, un bail à vil prix accordé moyennant une somme payée de la

main à la main ; une autre fois encore, une anti-
chrèse ou une cession de fruits à échoir ; l'é-
tablissement d'une servitude ; en un mot,
l'aliénation occulte soit de partie de la jouissance, soit de partie de la propriété ; toutes
choses contre lesquelles aujourd'hui il n'y a pas
moyen de se prémunir : et cet inconvénient du
système actuel est l'un des principaux obstacles
à la direction du numéraire vers la propriété
immobilière.

On parviendrait à combler cette lacune et à
remédier à ses fâcheux effets, en profitant,
comme nous l'avons déjà dit, de l'enregistrement des contrats portant aliénation de propriété, d'usufruit ou de jouissance de biens
immeubles, pour livrer à la connaissance publique les dispositions qu'ils renferment : nous
épargnerions ainsi les lenteurs et les frais de la
transcription actuelle, que, selon le vœu de tous
les partisans de la réforme hypothécaire, il
faudrait rendre générale et obligatoire.

Tous ceux de ces contrats qui sont revêtus
de la forme authentique sont enregistrés ; c'est
un fait bien reconnu, un fait bien établi par
l'usage et l'expérience. Cependant il n'est point
impossible que la négligence, que l'infidélité
du rédacteur des contrats n'en prive quelques-

uns de l'accomplissement de cette formalité. Dans ce cas, il faudrait décréter, non pas la nullité de l'acte, mais son inefficacité à l'égard des tiers, sauf le recours de la partie intéressée contre l'officier ministériel coupable du fait.

L'innovation que nous proposons est de rétablir, mais d'une manière plus étendue, plus complète, plus favorable aux intérêts réciproques du propriétaire et du capitaliste qui contractent ensemble, les dispositions de l'art. 26 de la loi du 11 brumaire an vii, dont tous les hommes éclairés regrettent l'abrogation.

Ainsi, dans notre système, « les actes trans-
» latifs de biens et droits susceptibles d'hypo-
» thèques, les actes modificatifs de la propriété
» de ces biens et droits, et les baux et anti-
» chrèses qui les concernent, devraient être
» nécessairement enregistrés pour pouvoir être
» opposés aux tiers.

» Jusque-là ils n'auraient aucun effet contre
» ceux qui, ayant contracté avec le vendeur ou
» le propriétaire, seraient porteurs d'un titre
» enregistré. »

On pourrait toutefois, pour ne pas imposer trop de gêne dans une foule de conventions peu importantes, exempter des rigueurs de cette disposition les baux à loyer et les baux à ferme, qui, *faits de bonne foi*, n'excéderaient pas une période de trois ans. Ces baux continueraient d'être réglés par les principes actuellement en vigueur.

Cette exception, nécessaire pour ne pas exposer à des contestations et quelquefois à des troubles fâcheux les droits d'un grand nombre de locataires ou de fermiers, qui n'occupent, les uns que de faibles portions de maisons, et les autres que des parcelles peu importantes de biens ruraux pour un temps fort restreint, aurait un côté favorable aux opérations des receveurs-conservateurs d'hypothèques ; ce serait de dégager les écritures de cette foule de modiques conventions qui, sans introduire le désordre dans les registres et répertoires, en rendraient néanmoins l'usage et le service plus difficiles, si elles devaient y entrer.

Par ce moyen, nous restituerions à l'enregistrement sa destination primitive, au moins en ce qui concerne les conventions civiles les plus nombreuses et les plus importantes. Cette institution cesserait d'être presque entièrement fiscale, et, pour rappeler les termes du rapport fait à l'Assemblée constituante par le Comité d'imposition, le 24 novembre 1790, « elle ser-
» virait à *constater les dates, l'ordre des hypo-*

» *thèques, les nuances des conventions*, les
» époques et les conditions de la propriété ;
» enfin, elle imprimerait un caractère inalté-
» rable en fixant les volontés et en garantis-
» sant la fidélité réciproque. »

La loi de 1790, il est vrai, n'a pas réalisé ce programme du rapport qui l'a précédée, elle n'a pas donné tout ce qu'elle promettait ; ses dispositions n'ont jamais été un préservatif contre les antidates, puisque, sous l'empire de cette loi, la date de tout acte enregistré dans le délai servait de point de départ dans les effets des conventions. Ainsi les notaires qui voulaient donner aux contrats une date antérieure à leur existence réelle, avaient toujours moyen de le faire dans le cercle du délai fixé légalement pour l'enregistrement des actes de leur ministère.

Toutefois, cette limite était beaucoup plus sage, beaucoup plus prudente que le privilége accordé aux notaires par la loi du 25 ventôse an XI, et qui est d'assurer *la date des actes*, droit exorbitant qui leur donnerait, en fait d'antidates, la plus effrayante latitude, si la moralité de ce corps n'était pas une garantie contre un abus si criminel.

Cette dernière loi, il est vrai, pouvait, jusqu'à un certain point, abandonner les mesures de prudence établies à cet égard par la loi de 1790, puisque la loi du 11 brumaire an VII, alors en vigueur, faisait dépendre toutes les mutations de propriété du jour de la transcription des actes sur les registres hypothécaires, et non du jour même de ces actes; ce qui, à l'égard des tiers, rendait les antidates évidemment inutiles.

Mais ce puissant préservatif ayant cessé par l'abrogation de la loi de brumaire, la possibilité des antidates existe maintenant avec tous ses dangers.

On aurait tort de penser que le répertoire dont la tenue est ordonnée par l'art. 49 de la loi du 22 frimaire an VII suffit pour mettre empêchement à cet abus; nous avons là-dessus trop d'expérience pour ajouter foi à l'efficacité de ce remède. Il n'arrive presque jamais que le répertoire soit tenu jour par jour. La plupart du temps on ne le met en ordre qu'aux époques où l'on doit le présenter au receveur, c'est-à-dire de trimestre en trimestre, ou que quand on entrevoit l'arrivée prochaine d'un employé supérieur de l'enregistrement. D'ailleurs, l'o-mission d'un acte sur le répertoire n'invalide pas la date que la main du notaire lui a imprimée ; la seule peine en pareil cas consiste en une amende de 5 fr. 50 c. : ce ne peut être un gage rassurant contre un fait d'où peut dépendre la fortune des familles.

Aussi des jurisconsultes profonds (MM. Merlin et Grenier) ont-ils fait des efforts pour soutenir et prouver que l'art. 9 de la loi du 5 décembre 1790 pouvait toujours être invoqué et recevoir son exécution. Cet article est ainsi conçu : « A défaut d'enregistrement dans les » délais fixés, un acte passé *devant notaire ne* » *pourra valoir que comme acte sous seing privé.* » L'acte ayant reçu la formalité omise ac- » querra la fixité de la date et l'hypothèque à » compter du jour de l'enregistrement. »

Mais leur opinion, malgré son extrême sagesse, n'a pu prévaloir, et des arrêts, d'accord avec le sentiment de plusieurs autres jurisconsultes, l'ont condamnée, en se fondant sur la loi du 22 frimaire an VII, qui abroge les lois antérieures *sur l'enregistrement*, et en s'étayant de la loi du 25 ventôse an XI, qui reconnaît aux notaires le droit d'assurer la date des actes.

Cet état de choses est très-grave ; aussi sommes-nous fondé à dire que l'adoption de la proposition que nous avons faite plus haut, de fixer *à la date de l'enregistrement à l'égard des tiers*

la valeur des actes portant transmission ou modification de la propriété susceptible d'hypothèque, serait un correctif digne d'intérêt et
d'approbation.

Tous ceux qui demandent la réforme de notre
code hypothécaire sont unanimes sur le besoin
d'en revenir aux dispositions de la loi du 11 brumaire an vii, qui déclare sans effet *pour les tiers*
tous les contrats non transcrits. La mesure que
nous proposons conduit aux mêmes résultats,
mais d'une manière plus large, moins dispendieuse et plus satisfaisante.

Maintenant il nous reste à donner quelques
explications sur les écritures destinées à offrir
au public les renseignements circonstanciés dont
il pourrait avoir besoin.

Les officiers ministériels, en présentant à l'enregistrement les actes de cette nature, seraient
tenus d'y joindre un extrait contenant, sur les
noms, qualités, domiciles et âge des parties
contractantes, sur les biens immeubles, sur le
prix et sur toutes les dispositions qui ne sont
pas de droit commun, les détails nécessaires
pour éclairer les tiers d'une manière convenable (1).

---

(1) Voir le modèle B.

Cet extrait resterait au bureau du domicile. Si ce bureau n'était pas celui où la formalité de l'enregistrement serait effectuée, on devrait y faire immédiatement le renvoi de l'extrait dont il s'agit. Lorsque les biens auraient leur assiette dans plusieurs cantons, on devrait fournir un extrait pour chacun d'eux, et l'envoi en serait fait sans retard aux receveurs de ces bureaux, par le receveur chargé de l'enregistrement de la minute.

Des mesures seraient prises pour constater d'une manière invariable et certaine le départ et la réception de ces pièces.

Ce mode de renvoi n'est pas inconnu dans l'administration des domaines; c'est un procédé dont elle fait mensuellement l'application. A la fin de chaque mois, les receveurs de la situation reçoivent copie de tous les enregistrements d'actes de mutations opérés dans d'autres bureaux. Ces renvois embrassent tout ce qui peut éclairer sur la fraude des droits d'enregistrement; leur objet principal est de la mettre à découvert autant que possible, et d'offrir l'occasion de la réprimer; nous pouvons même dire qu'ils n'ont pas d'autre but. De ce côté donc notre système n'augmenterait pas les travaux des receveurs; et comme ces renvois auraient une nouvelle destination beaucoup plus importante que la répression de la fraude, ces employés les feraient avec d'autant plus de goût et d'exactitude, que leur responsabilité le leur conseillerait, et qu'en outre ils apercevraient, au bout de ce travail, les salaires attachés aux certificats dont ces renvois seraient la base et l'objet.

Les extraits renvoyés ne sont pas moins nombreux à présent qu'ils ne le seraient dans le nouveau système; car ils comprennent aussi les créances hypothécaires, afin que le receveur du domicile puisse, en cas de décès des créanciers, vérifier si ces créances ont acquitté le droit de succession.

Ce ne serait pas, au surplus, une très-grande affaire pour chaque bureau : un renvoi par jour, tout au plus. Nous avons là-dessus une expérience qui nous permet d'affirmer que ce mode de transmission n'éprouverait ni difficulté ni retards préjudiciables aux parties intéressées.

Ces renvois deviendraient d'autant moins nombreux, que les affaires tendraient à se localiser de plus en plus par la facilité qu'on aurait d'obtenir, au bureau même de la situation, des renseignements qu'aujourd'hui on est obligé d'aller chercher au dehors, où l'on s'arrête souvent pour passer en même temps les contrats.

On appréciera sans doute les avantages de cette localisation sous le double rapport de l'économie du temps et de la dépense; car les déplacements n'ont pas le seul inconvénient de priver le travailleur du produit de sa journée, ils l'obligent à consommer en outre le prix d'une et même quelquefois de plusieurs autres journées de bon travail.

Les extraits de tous les actes susceptibles d'être publiés formeraient, dans chaque bureau de conservation, des registres dont les feuilles seraient fixées au moyen de la reliure mobile. Ils remplaceraient les registres actuels de transcription hypothécaire.

Il est inutile d'ajouter que ces extraits seraient mentionnés, à mesure de leur réception, *dans les colonnes ad hoc* du livre-répertoire, lequel, indépendamment de tous les bons effets qu'il produirait sous le rapport de la contribution foncière, du cadastre, des listes électorales, des droits de mutation, de la publicité hypothécaire, concourrait bien plus efficacement à la découverte de la fraude, par les éléments de sa composition et par leur distribution méthodique, que ne peuvent le faire les registres destinés à l'inscription des renvois actuels, registres divisés en autant de séries qu'il y a de lettres dans l'alphabet, où ils sont confondus pêle-mêle, et la plupart du temps irretrouvables, en raison de cette mauvaise division, qui est l'enfance de l'art en matière de recherches.

§ II. Retour, réméré et autres clauses révocatoires.

Il ne saurait y avoir de difficulté pour la proclamation de ces clauses; elles seraient toujours analysées dans les extraits dont nous venons de parler, et leur annotation au répertoire rendrait toujours facile le moyen d'en informer le public.

Ainsi disparaîtraient, sur tous les points énoncés dans ce chapitre, les dangers actuels du stellionat, dangers plus nombreux et plus réels qu'on ne paraît se l'imaginer. On a beau conseiller de ne jamais acquérir ni prêter sans avoir consulté soigneusement les titres de propriété, ce conseil ne remédie pas aux difficultés de l'exécution. La plupart du temps, il y a absence ou perte de titres; nous en expliquerons les causes dans le chapitre suivant. Si l'on tenait à les vérifier, il faudrait souvent se résigner à manquer une affaire à laquelle on peut tenir beaucoup, et l'on aime mieux se confier à la bonne foi de celui avec lequel on contracte,

que d'échapper une occasion qui peut-être ne
se représenterait pas.

———

CHAPITRE V.

TITRES DE PROPRIÉTÉS.

Les cas d'éviction et de dommage dont on
peut être menacé en matière d'acquisitions ou
de prêts sur immeubles, ne sont pas publiés
dans l'état présent de notre organisation hypothécaire. Nous en avons quelquefois exprimé le
regret; on nous a répondu que la plupart de ces
cas étaient inscrits dans les titres du propriétaire, et que si l'acquéreur ou le prêteur se
trouvait atteint ou lésé par l'un d'eux, c'était à
sa négligence, bien plus qu'aux imperfections
du système hypothécaire, qu'il devait adresser
ses plaintes et ses regrets.

Mais cette réponse, fort bien placée dans les
leçons de l'école, ne peut avoir crédit dans la
pratique des affaires. La production des titres
présente souvent de grandes difficultés.

C'est précisément parce que le capitaliste
prudent tient à cette justification, que la plupart
des propriétaires, au milieu des offres de prêts
que les annonces des journaux leur apportent

chaque jour, ne peuvent pas, comme nous le disions dans l'exposé préliminaire, réaliser les emprunts après lesquels ils soupirent, bien qu'au fond ces propriétaires méritent toute confiance.

Remarquons bien que si la plupart de ceux qui possèdent des propriétés importantes ont à leur disposition les titres sur lesquels elles se fondent, beaucoup les ont perdus par des événements de force majeure ou autres, et sont dans l'impuissance de les représenter. Ne voyons-nous pas chaque jour dans les tribunaux les débats, les luttes et les dommages que cette absence de titres occasionne?

Les empêchements sont bien plus grands encore chez les propriétaires moins fortunés. Les parcelles qu'ils possèdent sont presque toujours un démembrement de domaines d'une certaine étendue vendus en détail, ou subdivisés par des partages de successions. Les titres anciens ne sauraient évidemment se remettre à chacun des nouveaux propriétaires; ils passent ordinairement dans les mains de l'acheteur du plus fort démembrement, qui bientôt, à son tour, les transmet à d'autres par la revente des biens, en sorte que les acquéreurs des autres fractions de ces domaines divisés se trouvent dans l'impossibilité de s'en servir pour des justifications.

Aussi consultons les études des notaires , sauf celles de Paris ou des grandes villes, où les affaires font généralement exception par leur importance et par le soin de la rédaction , et nous aurons la preuve que les 9/10 des actes de vente bornent à peu près à ces mots l'établissement de la propriété : « Ces biens appartenaient au vendeur depuis un temps immémorial, ainsi qu'il le déclare; » ou bien : « en vertu de l'acquisition qu'il en avait faite d'un tel, il y a environ tant d'années; » ou bien encore : « comme lui étant échus par le partage des successions pater · nelle et maternelle, ainsi qu'il l'affirme. »

Cette généalogie incomplète de la propriété atteste clairement que les titres n'ont pu être mis sous les yeux du notaire rédacteur. S'il en est ainsi pour les actes d'aliénation, il en est, à bien plus forte raison, de même pour les actes de prêt sur hypothèque.

On frapperait de mort le mouvement ou le crédit hypothécaire de la propriété, si l'on ne voulait traiter que moyennant des justifications complètes. La plupart des affaires , d'après le morcellement actuel du sol, n'ont point assez d'importance pour motiver les démarches et les frais qu'entraînerait l'obtention des titres.

D'ailleurs, à qui s'adresser pour en avoir une expédition ou une copie collationnée? Au dépositaire de la minute? Mais souvent on ignore son nom et sa résidence. A celui qui, lors de la vente en détail des immeubles, a obtenu la remise des titres? Mais il a fait une revente, ou il est décédé, ou il a quitté le pays; ce serait presque toujours une difficulté insurmontable.

Sur environ 600,000 actes de vente, et à peu près autant d'obligations hypothécaires qui se font chaque année, il y en a moitié au moins qui n'atteignent pas 500 fr., et plus des trois quarts qui sont au dessous de 1,000. Quoique souvent on ait lieu de s'en repentir, on aime mieux, dans de si modiques affaires, s'en rapporter à la bonne foi et à la probité des contractants, que de tenir à une production de titres environnée de frais et d'embarras, ou que de renoncer à la conclusion d'une affaire souvent attrayante ou nécessaire.

Il est donc du plus grand intérêt que les livres hypothécaires révèlent tous les faits qui peuvent être un sujet d'inquiétude, ou devenir une cause d'éviction, et suppléent à l'inexistence actuelle d'un grand nombre de titres de propriété, ou du moins à l'impuissance où l'on est trop souvent de les représenter.

La substitution de la formalité de l'enregistrement à la formalité hypothécaire, appuyée des extraits d'actes dont nous avons parlé, et de la tenue du répertoire imaginé pour en faciliter la recherche, répondrait parfaitement à tous les besoins.

Avec ce répertoire, nous remontons à la source, nous donnons aux parties les copies de pièces qui peuvent leur être nécessaires pour renseignements ou justification; ou, si elles l'aiment mieux, nous les mettons à même de s'adresser aux dépositaires des minutes à l'aide des noms et des dates mentionnés dans les colonnes de ce livre d'ordre.

Ainsi, à l'avenir, il serait toujours facile de remédier à la perte des titres, et de prévenir les suites fâcheuses qu'elle entraîne avec elle. En cas de perte ou de destruction des minutes, on en trouverait des extraits authentiques au bureau de l'enregistrement et des hypothèques; car ce sont des extraits en forme authentique qui tiendraient lieu d'inscription et de transcription hypothécaire : et avec ce mode, combien de difficultés et de procès de moins !

Puisqu'il est ici question de la perte ou de la destruction des minutes, nous ajouterons que c'est un événement moins rare qu'on ne se l'imagine, surtout depuis que la vénalité des offices, en faisant de ces charges un objet de spéculation, les fait passer de main en main avec une incroyable rapidité : le notaire sortant retient une partie de ses minutes pour suivre la rentrée de ses avances et de ses honoraires ; le temps s'écoule, les minutes s'égarent, et souvent ne rentrent plus à l'étude. Nous avons bien des fois constaté des faits semblables dans le cours de nos fonctions de vérificateur et d'inspecteur de l'enregistrement.

CHAPITRE VI.

VALEUR DU GAGE HYPOTHÉCAIRE. — MOYENS D'APPRÉCIATION.

Pour inspirer la confiance et attirer les capitaux au secours de l'exploitation agricole, il est fort important que la manutention hypothécaire introduise dans les livres de la conservation, à côté des charges qui pèsent sur la propriété, des renseignements dignes de foi sur sa valeur.

Divers Codes étrangers veulent que les biens donnés en hypothèque soient soumis à une évaluation ; mais cette sage mesure, praticable peut-être dans un pays où les propriétés peu nombreuses forment des masses importantes, paraissait en France d'une exécution impossible :

les millions de parcelles qui divisent le sol ne permettraient pas la voie dispendieuse de l'expertise, à laquelle, d'ailleurs, il ne serait pas toujours prudent de s'en rapporter.

Nous avons longtemps cherché, pour atteindre ce but, un moyen exempt des embarras et des frais d'une évaluation par experts; nous pensons l'avoir trouvé dans le mode de peréquation du revenu imposable, expliqué au chapitre de la contribution foncière, et que nous avons proposé aussi d'appliquer à la perception du droit d'enregistrement.

Lorsqu'on saurait quel est le rapport du revenu imposable avec la valeur vénale, il ne serait pas difficile de supputer le prix de l'immeuble destiné à servir de garantie hypothécaire.

Ce revenu, d'ailleurs, n'est pas le seul renseignement que renfermerait le répertoire; les prix de vente y seraient également énoncés, ainsi que les fermages constatés par des baux. Ce sont des notions excellentes sur la valeur des choses ; si elles ne concernaient pas les immeubles mêmes qu'on voudrait acquérir ou recevoir en garantie, elles serviraient à les apprécier par voie de comparaison : un immeuble de tel revenu imposable a été vendu ou affermé tant, combien tel autre immeuble du revenu de..... peut-il être vendu ou affermé ? Rien n'est plus simple ni plus facile, c'est l'affaire d'une règle de trois.

Les prix de vente exprimés dans les actes mériteraient plus de confiance qu'ils n'en méritent aujourd'hui, lorsque, par le changement des bases de perception proposées au titre de l'enregistrement, l'acquéreur n'aurait plus d'intérêt à déguiser ce prix. Comme il n'en paierait ni plus ni moins de droits, il s'abstiendrait certainement de cette simulation, qui n'aurait plus que des inconvénients pour lui.

Notre répertoire de la contribution foncière, de l'enregistrement et des hypothèques, qui, par sa distribution méthodique, présenterait le bilan de la propriété foncière et le recueil des droits civils de chaque possesseur, serait donc un guide parfait pour les prêts et les acquisitions.

Il serait de plus un indicateur précieux pour diriger le créancier dans la voie de la surenchère, lorsque ses intérêts lui conseilleraient de recourir à ce moyen. Nous devons espérer que cette triste ressource deviendrait moins nécessaire, quand le taux excessif du droit d'enregistrement ne serait plus, comme aujourd'hui, un sujet continuel de fraude dans la stipulation des prix de vente.

Enfin, il pourrait servir, dans les contestations judiciaires relatives à des biens immeubles, à établir par l'indication des valeurs si la cause est ou non susceptible d'appel.

Ce serait encore un des nombreux avantages de la péréquation du revenu imposable. On se rappelle les longs débats que firent éclore les difficultés d'appréciation, lors de la discussion de l'art. 1er de la loi du 11 avril 1838 sur la question du premier et du dernier ressort. Ces difficultés n'auraient pas autant occupé la tribune, si le plan que nous proposons eût été réalisé.

CHAPITRE VII.

PRIVILÉGES.

Le privilége est un droit attaché à la qualité de la créance, donnant au créancier l'avantage d'être préféré même aux autres créanciers hypothécaires.

Diverses classes de priviléges sont établies par les art. 2101 et suivants du Code civil.

Nous ne nous occuperons que de ceux dont

les effets sont, par la loi, subordonnés à l'inscription hypothécaire ; les autres sortent des bornes que nous nous sommes tracées.

§ Ier. Privilége du vendeur.

Dans l'état présent de la législation, ce privilége se conserve par la transcription au bureau des hypothèques, du contrat qui a transmis la propriété, ou bien par une inscription à la requête du vendeur, sur la présentation d'un double bordereau.

Il n'y a pas de délai de rigueur pour la validité de l'une ou de l'autre de ces formalités ; elle produit son effet, et fait remonter le privilége à la date de la vente, à moins que l'immeuble n'ait passé à un nouvel acquéreur qui ait soumis son titre à la transcription plus de quinze jours avant la conservation du privilége, par l'un ou l'autre des moyens que nous venons de rappeler ; après ces quinze jours, toute formalité conservatoire est nulle à l'égard du nouveau possesseur ou de ses créanciers.

Ainsi, si l'on fait un prêt, pensant que l'emprunteur a payé le prix de l'immeuble donné en garantie, et que postérieurement le vendeur non payé vienne à remplir la formalité nécessaire pour la conservation de son privilége , le prêteur, que les registres du conservateur n'ont pas éclairé sur l'existence de ce droit, se voit privé de son rang d'hypothèque, et se trouve exposé à perdre sa créance.

On conseille, pour éviter ce péril, de ne jamais confier ses capitaux à la foi d'une hypothèque , sans avoir exigé la représentation des quittances. C'est sans doute une précaution on ne peut plus sage ; mais si l'emprunteur ne peut faire cette justification , quoique le prix de ses biens soit réellement acquitté, le voilà privé du secours de ses immeubles ; c'est entraver ses affaires , le laisser dans l'embarras, lui ôter le moyen de relever son crédit, de faire fructifier son industrie, et de travailler ainsi à l'accroissement de la richesse publique. Or, comme on l'a vu ailleurs, une foule de circonstances peuvent le mettre dans l'impossibilité de produire ces pièces, celles de ses auteurs surtout.

Cette précaution , du reste, pourrait n'être pas une garantie complète : si la quittance était fausse, comme on l'a déjà vu, elle ne mettrait pas à couvert les droits du prêteur. L'homme qui veut tromper n'est pas scrupuleux dans le choix des moyens ; il met en œuvre toutes les ressources de son esprit, et les occasions ne lui manquent pas. Il faut donc que la loi soit plus ingénieuse dans ses combinaisons qu'il ne peut l'être dans ses manœuvres.

Le système que nous proposons fait disparaître les dangers que présente aujourd'hui le privilége du vendeur : l'enregistrement de la vente vaudrait conservation de ce privilége ; il ferait connaître les portions de prix qui pourraient être redues, sans obliger le vendeur ou l'emprunteur à des justifications qui ne sont pas toujours en son pouvoir; et de plus, il mettrait fin aux inconvénients de la rétroactivité du privilége, puisque l'enregistrement suit toujours de très-près la date de l'acte soumis à cette formalité, et que, d'ailleurs, ces sortes d'actes dans notre système, comme sous le règne de la loi de brumaire, ne produiraient d'effet à l'égard des tiers qu'à dater de l'enregistrement tenant lieu de transcription.

Nous reviendrons sur cet objet au chapitre de la conservation des priviléges et hypothèques.

§ II. Résolution du contrat à défaut de paiement.

A côté du privilége dont il vient d'être question, s'en trouve un autre beaucoup plus dangereux encore, la résolution de la vente à défaut de paiement du prix.

Ce droit, inhérent à la chose vendue, n'a besoin d'être soutenu par aucune formalité hypothécaire; il n'a d'autre terme que celui par lequel se prescrit la propriété elle-même, et il s'exerce contre le tiers détenteur aussi bien que contre le débiteur direct du prix non payé. Par cette voie détournée, qui a sans doute échappé aux prévisions de la législature qui nous a donné le Code hypothécaire, lequel, à cette époque, pouvait paraître une œuvre de science et de sagesse, mais que le temps et l'expérience ont rangé parmi les lois défectueuses, le vendeur créancier du prix redû peut rentrer en possession de l'immeuble, en quelque main qu'il se trouve, et cela, dégagé de toutes les dettes et charges que l'acquéreur ou ses successeurs peuvent avoir établies sur cet immeuble.

On voit quel danger il y a d'acquérir ou d'admettre pour gage hypothécaire un immeuble qui se trouve sous le coup de cette action résolutoire.

Ce danger ne disparaît pas entièrement par la production d'une quittance, puisque, comme nous l'avons dit plus haut, cette pièce peut être fabriquée pour le besoin du moment; et comme il n'est pas d'usage de laisser la quittance dans les mains du prêteur, celui-ci n'aurait pas même le pouvoir de s'en servir pour livrer le faussaire à la vindicte publique.

Cette quittance d'ailleurs, toute vraie qu'elle puisse être, peut être supprimée par un concert frauduleux entre le propriétaire actuel et le précédent possesseur. Il n'y aurait pas de remède si, ce qui se fait chaque jour pour épargner le droit d'enregistrement, la quittance était sous seing privé ; et si elle était authentique, il pourrait être encore très-difficile d'en retrouver la minute.

Le mode proposé dans le paragraphe précédent préviendrait ce péril ; car on ne s'aviserait pas de faire enregistrer de fausses quittances, et encore moins d'en délivrer l'extrait en forme qui devrait accompagner la minute à l'enregistrement, pour obtenir la radiation du privilége inscrit. Ainsi ce mode permettrait toujours de se prémunir contre l'action résolutoire ; ce ne serait plus un droit occulte, puisque toutes les transmissions de propriété sont soumises à l'enregistrement, et que, par cette formalité, le conservateur serait toujours en mesure de révéler au public les prix ou portions de prix qui n'auraient pas été payés.

§ III. Privilége des cohéritiers, des architectes, des créanciers et légataires, et du trésor.

Il n'est question ici que pour mémoire de ces sortes de priviléges ; ils ont moins d'importance et présentent moins d'inconvénients que ceux dont nous venons de parler. Cependant, dans notre système, ils seraient soumis, pour produire leur effet, au mode uniforme de publicité que nous expliquerons tout à l'heure.

CHAPITRE VIII.

HYPOTHÈQUES EN GÉNÉRAL.

Les hypothèques sont légales, convention-nelles ou judiciaires. Nous ferons de chacune l'objet d'un paragraphe distinct.

§ Ier. Hypothèques légales.

On entend par hypothèques légales celles qui prennent naissance dans les dispositions de la loi. Mais quoiqu'elles ne soient pas l'objet d'une convention spéciale entre les parties , leurs causes néanmoins reposent nécessairement et toujours sur des actes qu'il est facile de sou-mettre à la publicité.

Sous le titre d'hypothèques légales, se trouvent les droits des femmes mariées sur les biens de leurs maris ;

Ceux des mineurs et interdits sur les biens de leurs tuteurs ;

Ceux de l'État, des communes et des établissements publics, sur les biens des receveurs et des administrateurs comptables ;

Ceux du trésor sur les biens des condamnés.

Nous dirons bientôt par quel procédé ces hypothèques, sans en excepter celles des femmes et des mineurs, seraient portées à la connaissance du public.

La loi du 11 brumaire an VII voulait que ces dernières hypothèques fussent publiées par la voie de l'inscription, comme les hypothèques conventionnelles ou judiciaires. Mais plus tard on a reconnu que le soin de requérir ces inscriptions ne pouvait être confié, sans péril pour la fortune de la femme et des pupilles, à ceux-là mêmes qui, étant les débiteurs, avaient intérêt à négliger cette obligation. Les règles d'une exacte justice ne permettaient pas de punir de la négligence intéressée de leurs débiteurs, ou de celle de tout autre mandataire légal, des créanciers que la loi reconnaît dans l'impuissance d'agir et de veiller à leurs droits. Aussi le Code civil, abrogeant à cet égard la loi de brumaire, a-t-il décidé que ces hypothèques seraient dispensées de l'inscription.

On conçoit, en pesant les raisons d'ordre public qui se présentent pleines de force, que le législateur ait sacrifié la facilité des prêts hypothécaires, et par conséquent l'intérêt de l'agriculture, aux droits des femmes et des mineurs, dignes évidemment d'occuper la première ligne dans la protection que la loi doit aux intérêts généraux et à chaque membre de la société.

Mais l'expérience fait voir que cette protection n'a pas eu l'efficacité qu'on s'en promettait ; elle ne met pas la fortune des femmes à l'abri des atteintes que le législateur a voulu prévenir. Son principal effet est d'entraver la circulation des capitaux, et d'occasionner des frais considérables dans le règlement des affaires. Mieux vaudrait que la femme n'eût pas d'hypothèque légale, s'il n'y avait pas moyen d'améliorer cette partie de la législation.

Sous le régime de la communauté, le plus répandu en France, le prêteur a coutume d'exiger que la femme s'oblige solidairement avec son mari ; autrement il garde ses capitaux. Mais, comme presque toujours celle-ci donne son consentement, il en résulte que la protection dont la loi a voulu couvrir ses intérêts devient impuissante.

Il est difficile, en effet, que la femme refuse à son mari la signature qu'il lui demande ; elle l'accorde infailliblement, s'il se trouve dans une situation prospère, et que l'emprunt paraisse avantageux, quoiqu'il ne soit au fond qu'un germe de ruine. D'ailleurs son ignorance des affaires, et la crainte de compromettre par un refus la paix et le bonheur domestiques, la déterminent à céder dans presque tous les cas. Alors son hypothèque légale disparaît devant l'hypothèque du prêteur, devenu son créancier personnel par cette obligation solidaire.

S'il s'agit de la vente des biens du mari, l'acquéreur exige que la femme intervienne et vende solidairement avec ce premier. Les raisons que nous venons d'exposer exercent encore leur influence ; la femme signe, et par là met fin à son hypothèque sur les biens vendus. La garantie solidaire en empêche nécessairement les effets, puisque la femme serait forcée d'indemniser l'acheteur des troubles que lui occasionnerait l'exercice de cette hypothèque : ce qu'elle prendrait d'une main, elle serait obligée de le rendre de l'autre.

En cas de vente sans le concours de la femme,

ce qui a lieu d'ordinaire sous le régime dotal , qui déclare nulle toute convention par laquelle la femme renoncerait à ses droits dotaux , il est encore facile de porter un coup mortel à son hypothèque légale. On s'arrange de manière que les significations de purge ne parviennent pas à sa connaissance ; le temps s'écoule sans qu'elle fasse valoir ses droits , et les immeubles se trouvent dégagés de toutes ses prétentions hypothécaires.

Les significations , on le sait , se font aussi à des magistrats chargés de veiller aux intérêts de la femme ; mais, vaine précaution, frais inutiles, l'expérience est là pour prouver que presque jamais les officiers du parquet ne prêtent à la femme le secours que réclament son ignorance des affaires ou cette espèce d'interdit que fait peser sur elle l'autorité de son époux. Ils en sont détournés par tant de raisons, la position sociale du mari , sa garantie morale, des apparences de fortune rassurantes , les retards qu'entraînerait une inscription dans la rentrée du prix de la vente, qu'il n'est point étonnant qu'ils se dispensent de publier l'hypothèque.

Au reste, il n'y a rien de plus concluant que les faits ; presque toutes les femmes sont dotées, presque toutes ont part à des successions , et

rarement, malgré l'hypothèque légale, la fortune de la femme échappe au naufrage de la
fortune du mari.

Si elle en retire quelques débris, c'est presque toujours aux dépens d'acquéreurs de bonne
foi, qui ont traité à une époque où la position
du mari ne présentait rien d'inquiétant.

Nous en citerons un exemple entre mille.
Nous supposons que la dot de la femme est de
20,000 fr. ; la femme n'a pas d'autres droits
sur les biens de son mari : ces biens, au su de
tout le monde, valent plus de 100,000 fr.; ils ne
sont grevés d'aucune hypothèque apparente. Le
mari en vend une partie, et, pour en tirer un
prix plus avantageux, il procède par adjudication et par faibles lots; la vente produit en tout
20,000 fr. On ne croit pas nécessaire de purger
légalement : la fortune du vendeur paraît trop
solide pour inspirer cette précaution; ce serait
d'ailleurs une dépense considérable pour chaque acquéreur, eu égard à la faiblesse des lots.
Dans cet état de choses, les acquéreurs se libè-
rent ; plus tard, le mari vend le reste de ses
biens à des gens qui remplissent les formalités
de purge légale, sans que la femme exerce ses
droits; enfin il dissipe sa fortune, et meurt dans
l'indigence. Dans cette affligeante situation, la

femme fait valoir son hypothèque légale, et les premiers adjudicataires sont contraints de payer deux fois un prix qu'ils avaient dès longtemps acquitté de la meilleure foi du monde.

Beaucoup de gens se persuadent qu'on est parfaitement à l'abri de recherches en faisant concourir la femme à la vente des biens du mari, et qu'il est dès lors inutile de purger légalement : c'est une grave erreur.

Sans doute la femme, sous le régime de la communauté, ne pourrait point, après avoir garanti le trouble ou l'éviction, se prévaloir elle-même de son hypothèque légale; mais si elle s'en est dessaisie au profit d'un tiers avant cette vente, celui-ci viendra exercer ses droits et contraindre l'acquéreur à délaisser ou à payer ; car la femme, en vendant avec son mari, n'a pas anéanti une hypothèque qui ne lui appartenait plus.

Cette cession est beaucoup plus dangereuse pour les tiers que l'hypothèque ne l'est elle-même. Avant de traiter, on peut demander la représentation du contrat de mariage ou des actes qui ont attribué à la femme des biens propres, et par là apprendre quelles peuvent être les reprises de cette dernière sur les biens de son mari : mais la cession, rien ne peut la révéler ; elle peut être cachée aux yeux de tous ; elle résultera d'un acte sous seing privé revêtu de l'enregistrement, d'un acte notarié non inscrit au bureau des hypothèques ; et, dans ces cas, le plus habile ne saurait la découvrir.

Voyez les tristes effets de ce système d'hypothèque occulte : il ne préserve pas la fortune de la femme des périls qui la menacent, car, placée sous l'influence de l'autorité maritale, et d'ailleurs étrangère à la science du droit, la femme accorde presque toujours une signature qui détruit son hypothèque ; ou bien on purge à son insu les immeubles qui lui servaient de gage.

Ce système, d'un autre côté, est dans les affaires une cause perpétuelle d'embarras, et de plus un piége que l'acquéreur peut éviter par des formalités de purge, mais dans lequel le prêteur, quelle que soit sa prudence, court risque de s'engager. Vous prêtez, la femme s'oblige solidairement avec son mari, vous êtes le premier inscrit sur les livres hypothécaires, et avec tout cela, vous n'avez qu'une garantie incertaine ; car, avant de vous subroger dans son hypothèque, la femme a pu déjà faire une subrogation, et celle-ci, quoique secrète, aura la préférence, pourvu qu'elle ait une date certaine : la première subrogation passe avant la seconde , et ainsi des autres ; telle est la jurisprudence actuelle.

En supposant que le premier créancier subrogé eût été payé , rien encore ne pourrait empêcher de faire revivre la dette par un concert frauduleux ; car la quittance n'étant pas à la disposition de celui qu'on voudrait enlacer dans cette fraude, il ne pourrait pas s'en servir contre cette coupable action.

Quant à l'acquéreur, nous l'avons dit, il peut se préserver du piége en recourant aux formalités de purge ; mais c'est une triste ressource dans un pays où la division du sol est telle, que la plupart des ventes n'atteignent pas cinq cents francs : ce serait pour six cent mille actes , nombre environ des ventes annuelles, un surcroît de dépense de plus de 30 millions, sans parler des retards qui en résulteraient dans la circulation des capitaux: la durée moyenne d'une purge légale est d'environ trois mois; ainsi, pendant ce temps, les capitaux qui se paient comptant, et qui ne pourraient pas l'être si l'on ne négligeait pas la purge légale, resteraient stériles dans les mains de l'acquéreur, au détriment de l'agriculture et de l'industrie.

Un tel système n'aurait pas prévalu lors de la discussion du Code, si le législateur en eût prévu les conséquences. Sans doute l'ordre public veut que les femmes et les mineurs aient une hypothèque légale ; l'intérêt de la famille, qui est celui de la société, ne permet pas qu'ils puissent être dépouillés et tomber quelquefois d'un rang élevé dans une position remplie d'amertume et de misère : mais il faut que cette hypothèque ne soit pas vaine, et qu'en même temps elle ne devienne pas dans les affaires une source d'entraves et de frais disproportionnés à la valeur des choses, et hostiles aux besoins agricoles et industriels. Pour qu'elle ne soit pas entravante et dispendieuse, il faut qu'elle soit publiée à mesure des faits qui la produisent, comme toutes les autres hypothèques ; et l'on atteindrait ce but par l'enregistrement des actes contenant ces faits, en y ajoutant, comme nous l'avons déjà dit pour les cas analogues, les extraits explicatifs nécessaires.

Comme cette mesure, dont nous compléterons l'explication par de nouveaux détails au chapitre de la conservation des hypothèques, serait tout-à-fait indépendante du concours des maris et des tuteurs, nous ne tomberions plus dans les inconvénients qui ont fait abroger les

dispositions de la loi de brumaire qui soumet-
taient cette hypothèque à la publicité.

Et pour que désormais elle ne fût plus infruc-
tueuse à l'égard des femmes, il nous semblerait
juste, convenable, nécessaire, d'ôter à la femme,
sous le régime de la communauté comme sous
le régime dotal, la faculté d'anéantir ses reprises
et d'annuler son hypothèque, en s'obligeant
solidairement avec son mari.

Avec cette faculté, l'hypothèque légale n'est
plus qu'une garantie illusoire ; car, on ne saurait trop le répéter, il est presque impossible
que la femme, dans son ignorance ordinaire du
droit civil et des conséquences de son concours
aux actes de son mari, placée sous la dépen-
dance conjugale, et dominée par le besoin impérieux de conserver dans son intérieur la bonne
intelligence et la paix, refuse à son mari la
signature qu'il lui demande ou qu'il exige.
Mieux vaudrait décider que la femme mariée
sous le régime de la communauté sera privée
d'hypothèque légale, que de prendre pour la
conservation de ses droits des soins inutiles,
gênants et très-dispendieux. Il en résulterait
au moins dans les transactions civiles et dans
la circulation du numéraire une facilité profitable à de nombreux intérêts.

Ce fut, au reste, une question fort controversée depuis la promulgation du Code actuel, que de savoir si la femme pouvait renoncer à son hypothèque légale d'une manière ou d'une autre. Les auteurs sont d'accord aujourd'hui qu'elle ne le peut pas sous le régime dotal, parce que ce serait une aliénation indirecte de sa dot qui est inaliénable ; mais qu'elle en a le droit sous le régime de la communauté, parce que sous ce régime, pouvant aliéner ses immeubles et contracter toutes sortes d'obligations du consentement de son mari, on ne voit pas pourquoi il lui serait interdit de renoncer à son hypothèque.

Mais cette décision ne paraît pas à l'abri d'une juste critique ; et peut-être le législateur, dans sa sollicitude marquée pour l'intérêt de la femme, aurait-il décidé le contraire par une disposition formelle de loi, si la question s'était offerte à son esprit lors de la discussion du Code civil.

Après avoir reconnu l'impuissance de la femme à défendre ses droits contre les actes d'un mari prodigue ou inhabile en affaires, le législateur n'aurait pas voulu d'un côté tendre à la femme une main protectrice, et de l'autre côté laisser au mari le facile pouvoir de rendre cette protection tout-à-fait stérile.

Aussi sommes - nous porté à croire qu'en laissant à la femme la faculté de s'obliger et de vendre, la loi n'a pas entendu lui accorder, comme une suite nécessaire de cette faculté, le droit de renoncer à son hypothèque légale.

Il est naturel que la femme vienne par ses capitaux et ses biens seconder les spéculations de son mari, au lieu de le laisser recourir à des capitaux étrangers; mais ce n'est qu'un prêt qu'elle lui fait, et tant que ce prêt subsiste, il est juste que la garantie subsiste aussi : il semble contraire à la raison que cette garantie s'éteigne avant l'extinction de la dette qui en est l'objet; et comme le remboursement des sommes dues à la femme ne peut être imposé au mari pendant l'existence de la communauté, nous en tirons cette conclusion que la femme ne doit pas avoir plus de droit de renoncer à son hypothèque légale qu'elle n'a le pouvoir de recouvrer les sommes que son mari lui doit, avant la dissolution de la communauté.

Au surplus, le mode de publicité que nous proposons faisant cesser pour le prêteur et pour l'acquéreur le danger des hypothèques légales, il est probable qu'ils ne tiendraient plus à ce que la femme prît d'engagement solidaire avec son mari. Son refus n'étant plus dans le cas de porter atteinte au crédit de ce dernier, et de frapper de paralysie dans ses mains le mouvement de la propriété immobilière, il ne pourrait y avoir d'inconvénient grave à ôter au mari la liberté, après avoir diverti la fortune de sa femme, de dissiper encore le gage qui peut lui servir de garantie.

Lorsque de folles dépenses ou des spéculations irréfléchies ont englouti les apports de la femme, il y a contre le mari prévention d'inconduite ou d'incapacité en affaires; il est temps qu'il s'arrête et conserve les garanties que ses biens personnels, s'il en a, peuvent encore offrir à sa femme et à ses enfants. Il ne faut pas que, par son influence irrésistible sur un être faible et dépendant, il puisse le priver de ses dernières ressources; les combinaisons de la loi ne pourraient le lui permettre sans porter atteinte à l'ordre public.

Ce serait donc un acte éminemment moral de déclarer nul tout engagement de la femme qui nuirait de quelque manière que ce pût être à l'exercice de ses droits sur les biens immeubles de son mari.

Mais pour la facilité des transactions et des affaires, il serait convenable que la femme eût le droit de restreindre par un simple acte notarié, sans autre consentement que le sien et l'autorisation de son mari, son hypothèque légale à tel bien qui paraîtrait suffisant pour la sûreté de sa créance.

Toutefois, le notaire ne devrait prêter son ministère à cette restriction qu'autant que cet immeuble, d'après son revenu imposable, indice de la valeur vénale, comme nous l'avons déjà expliqué, excéderait au moins d'un quart en valeur capitale les sommes dues à la femme.

Le conservateur, de son côté, ne devrait faire écriture de cette modification qu'après s'être assuré par les documents de son bureau que la supputation de cette valeur est, en effet, justifiée par le revenu imposable, et que la somme énoncée dans l'acte de restriction hypothécaire forme le montant de toutes les créances inscrites au profit de la femme contre son mari.

S'il s'élevait à cet égard un différend entre le conservateur et le notaire ou les parties, un simple référé devant le président du tribunal lèverait la difficulté. S'il s'agissait d'immeubles de luxe dont la valeur fût en disproportion réelle avec le revenu imposable, l'expertise pourrait en être demandée par les parties.

En cas de vente par le mari de l'immeuble ainsi hypothéqué, l'acquéreur ne pourrait se libérer entre les mains de la femme du prix ou de la portion de ce prix destinée à la remplir de ses droits, que sur l'avis d'un conseil de famille *ad hoc*, dûment homologué, par lequel il serait avisé au placement ou à l'emploi de cette somme d'une manière convenable et sûre.

Nous ne savons trop si nous sommes ébloui par l'illusion, mais il nous semble que ces combinaisons assureraient à la fois la facilité des prêts et du mouvement de la propriété, et la garantie du patrimoine de la femme (1).

§ II. Hypothèque conventionnelle.

Cette hypothèque n'est valable qu'autant que dans le titre constitutif de la créance, ou dans un acte postérieur qui en est le complément, les biens soumis à l'hypothèque sont spécialement détaillés et appartiennent actuellement au débiteur.

Au sujet de la possession ou plutôt de la propriété actuelle, une question très-grave s'est élevée qui a divisé les jurisconsultes et les auteurs les plus marquants : c'est de savoir si l'hypothèque accordée par celui qui n'était point

---

(1) Voir plus loin le mode de publication.

encore propriétaire de l'immeuble, se trouve validée par l'acquisition ultérieure de ce gage, et peut être opposée au tiers auquel ce débiteur a revendu la chose, et aux créanciers inscriptionnaires qu'il s'est donnés par des emprunts postérieurs à son acquisition.

Dans cet important débat, la victoire paraît être restée à ceux qui, se fondant sur les principes du droit romain, ont professé l'affirmative. Leurs raisons sont fortes et concluantes, nous en convenons; mais si elles sont conformes aux maximes du droit, elles ne sont nullement en rapport avec le texte de l'art. 2129 du Code civil, qui veut que le débiteur soit propriétaire actuel, et qui proscrit l'hypothèque conventionnelle sur les biens à venir; et elles le sont bien moins encore avec notre mode et nos pratiques de gestion hypothécaire.

Il est de règle, en effet, dans l'administration, lorsque le tiers détenteur veut purger les hypothèques provenant du vendeur, de lui délivrer le certificat des hypothèques inscrites sur l'immeuble vendu seulement; et comme il est contraire au texte de la loi qu'un débiteur donne en garantie pour son propre compte des immeubles qui appartiennent à autrui, jamais le conservateur ne remonte, dans la

recherche des inscriptions concernant ce débiteur , à une époque antérieure au contrat
qui l'a rendu propriétaire de l'immeuble. De
même, quand un prêteur veut s'éclairer sur le
mérite du gage qu'on lui offre, il demande un
certificat spécial , et le conservateur borne
encore ses recherches, en ce qui touche l'emprunteur personnellement, à la date de son
titre de propriété. Ce point d'arrêt, cette limite
saillante est chose précieuse dans notre manutention hypothécaire, au milieu surtout des
embarras qui naissent à chaque instant de la
désignation incertaine et variable des biens, et
de l'impuissance où se trouve le conservateur
d'en reconnaître l'identité.

Maintenant, on comprend les dangers de la
doctrine enseignée par les partisans de la validité de l'hypothèque antérieure à l'acquisition
du gage. En vertu de ce certificat qu'il croit
très-complet, et auquel il se confie, l'acquéreur
paie ce qu'il doit, ou le capitaliste prête son
argent; puis un jour surgit une hypothèque
imprévue, menteuse et nulle à son origine,
mais légitimée par un perfide effet rétroactif,
qui vient troubler la propriété de celui-là, ou
priver celui-ci de son gage.

Nous ne saurions sérieusement admettre la

légitimation d'une pareille hypothèque, en présence de cette rigueur de la loi qui frappe de
nullité absolue l'inscription où manque l'époque
de l'exigibilité de la créance , ou quelque autre
mention peu grave, et dont l'absence ne peut
être évidemment d'aucune influence sur les acquisitions ou sur les prêts ultérieurs. Ce serait,
à notre avis, une inconséquence injustifiable.

Il n'y aurait donc moyen de découvrir ce
dangereux piége et d'y échapper qu'en demandant au conservateur , soit qu'on veuille
purger ou prêter, l'état général des charges
hypothécaires du vendeur ou de l'emprunteur,
puis ensuite de chercher dans cette pièce
quels sont les renseignements utiles, et quels
sont ceux dont on n'a pas besoin. Eh bien !
cela ne se fait jamais, et nous croyons que
l'intérêt général ne veut pas que cela se fasse.

Ceux qui peuvent penser autrement ont-ils
réfléchi que la plupart des gens qui achètent
des biens, ou qui prêtent leur argent, sont incapables de peser et d'apprécier eux-mêmes le
degré de valeur de ces documents hypothécaires,
et que, s'ils étaient obligés à tout moment d'avoir
recours à un notaire ou à un homme de loi,
celui-ci ne leur servirait certainement pas de lumière et de guide pour le seul plaisir de les obliger?

A-t-on pensé que plus le certificat énonce de
faits, plus il coûte de salaires, et qu'une gestion
hypothécaire qui mène à de tels résultats
donne le démenti le plus formel aux avantages
tant préconisés de la spécialité, et n'est nullement accessible aux besoins et aux moyens des
petits propriétaires qui, nous le redisons encore,
se partagent à présent la plus grande partie du
sol, et ne doivent pas être privés de la protection hypothécaire par la complication des écritures et par l'exagération des frais?

Comme il est beaucoup plus convenable, en
matière d'hypothèque, de chercher nos règles
d'administration et la base de notre jurisprudence dans le Code français, que d'aller, à grand
renfort d'argumentation et d'érudition, les
demander aux lois romaines faites pour d'autres
temps, d'autres mœurs, d'autres besoins que
les nôtres, nous pensons qu'on sera d'avis d'a-
jouter à l'art. 2129 du Code civil le paragraphe
suivant :

« L'acquisition ultérieure ne valide pas l'hy-
» pothèque que le débiteur a pu donner sur
» des biens dont il n'était pas encore pro-
» priétaire. »

L'hypothèque spéciale a un grand avantage,
qui est de laisser au prêteur la faculté de se

réserver du crédit et des ressources, en n'engageant qu'une partie de ses biens.

Mais pour que cette disposition essentielle de la loi puisse procurer les heureux effets qu'on s'en est promis, il faut nécessairement introduire une amélioration dans le libellé des actes, en ce qui touche la désignation des immeubles. Cette désignation doit être telle, que le conservateur ne puisse pas, dans ses écritures, confondre l'un avec l'autre, et apporter des retards et des difficultés dans l'exécution des paiements, par l'inexactitude des certificats qu'il délivre.

Aujourd'hui il n'en est pas ainsi ; c'est vainement que l'emprunteur veut conserver quelques pièces de terre libres de dette, pour au besoin en réaliser la valeur au moyen d'une vente ; lors de la transcription de cette vente, le conservateur ne manque pas, faute d'éclaircissements convenables, de confondre les pièces vendues avec celles qui servent de gage hypothécaire, et de donner à l'acquéreur le relevé des inscriptions prises sur celles-ci, comme si elles frappaient sur ces premières. Et comment, en effet, ne s'y tromperait-il pas, lorsque ces parcelles se trouvent situées dans la même commune, si rien de positif ne distingue l'une de l'autre ?

14

L'acquéreur, qui n'est pas juge de l'exactitude du certificat, s'en prévaut pour différer le paiement que le vendeur s'était vainement flatté d'obtenir peu de jours après la transcription ; et ce qui n'est pas moins désobligeant, c'est qu'à ce retard fort préjudiciable viennent souvent se joindre des frais considérables pour faire disparaître ces inscriptions mal à propos comprises dans le certificat du conservateur : elles peuvent devenir la cause de l'ouverture d'un ordre judiciaire, seul moyen pour l'acquéreur de balayer ces inscriptions, lorsqu'il ne parvient pas à obtenir la rectification du certificat ; et l'on sait quelle est la durée et surtout quels sont les frais d'un ordre fait en justice.

Jusqu'à présent, les avantages de la spécialité se sont bornés aux corps de domaines d'une certaine étendue, qui ont ordinairement une désignation nominale invariable, à l'aide de laquelle on peut éviter toute méprise. Mais un système uniquement approprié aux grands domaines est évidemment défectueux dans un pays comme le nôtre, où la propriété se divise en une multitude de parcelles.

On remédierait à cette imperfection en exigeant qu'à l'avenir l'hypothèque conventionnelle spécialisât les immeubles par les détails de la matrice cadastrale : une semblable désignation devant se trouver dans les actes de vente, ainsi que nous l'avons énoncé au titre de la contribution foncière, il serait toujours facile au conservateur de s'assurer de l'identité des parcelles, et de ne comprendre dans les certificats sur transcription que le relevé des hypothèques concernant les biens vendus ; par là, les retards et les frais dont on a tant à se plaindre aujourd'hui ne pourraient plus se reproduire, et la circulation plus rapide des capitaux ferait fructifier nos éléments de production.

Les explications que nous donnerons plus loin feront connaître par quel moyen les notaires seraient mis en mesure d'introduire ces détails dans leurs actes.

Mais que deviendrait avec ce mode de publicité notre art. 2130 du Code civil, qui permet au débiteur, en cas d'insuffisance exprimée des biens présents, de consentir que l'hypothèque atteigne les biens qu'il acquerra par la suite, sans qu'il soit besoin de stipulation nouvelle ? Evidemment cet article ne saurait s'allier à la proclamation de l'hypothèque par le fait seul de l'enregistrement de l'acte obligatoire, appuyé d'un extrait circonstancié de cet acte; car si, par ce mode, nous pouvons avertir le public de l'hypothèque assise sur les biens actuellement possédés et spécialisés dans l'acte constitutif, il n'y aurait pas moyen de l'informer, à mesure des acquisitions, de l'extension de cette hypothèque aux biens acquis ultérieurement.

Nous convenons que le nouveau mode ne se prête pas facilement à la révélation des hypothèques sur les biens à venir, et que nous ne parviendrions que par un grand effort d'administration à donner à l'hypothèque légale, qui, par sa nature, doit nécessairement embrasser à la fois les biens actuels et les biens futurs, la publicité réclamée par l'intérêt des tiers, sans nuire à celui de la femme et du mineur. Mais cet effort, commandé à l'administration par le puissant motif d'ordre public qui s'attache à la conservation du patrimoine de cette moitié de la société, ne nous semble pas acquis à l'hypothèque des biens à venir, dans le cas déterminé par l'art. 2130 du Code. D'ailleurs la publication de cette hypothèque ne pourrait se faire qu'autant que l'acquéreur ferait, dans l'acte même d'acquisition, le rappel de l'hypothèque consentie lors de la création de la dette, et l'on ne doit pas songer à une indication qui n'entre pas dans l'intérêt du débiteur, et que par cette raison il s'abstiendrait de faire, lors même que la loi lui en imposerait l'obligation.

Aussi proposerions-nous l'abrogation pure et simple de l'art. 2130, et le rétablissement complet du principe de spécialité dont cet article est une déviation fâcheuse, que la loi de brumaire, plus prévoyante et plus rationnelle que le Code mis à sa place, s'était bien gardée d'admettre.

Cet article, en effet, si notre esprit d'observation ne nous a pas trompé, n'est d'aucun intérêt pour l'emprunteur qui ne possède pas actuellement des biens valant au moins la somme qu'il veut emprunter. Nous ne croyons pas que cet article, sur le mérite duquel le législateur, peut-être influencé par le souvenir de l'hypothèque qui autrefois embrassait toujours la généralité des biens, s'est fait illusion, ait jamais porté le moindre secours à l'industriel sans fortune, ni fait avancer l'agriculture d'un seul pas.

Si nous avons bien observé les faits, l'hypothèque des biens que le débiteur acquerra par la suite ne se montre ordinairement que dans des actes ayant pour objet la reconnaissance de dettes chirographaires antérieures, au sujet desquelles le débiteur menacé de poursuites offre tout ce qu'il peut offrir pour calmer pendant quelque temps les rigueurs de son créancier.

Si parfois le débiteur, au moment d'un emprunt effectif, consent à étendre l'hypothèque sur les biens à venir, sous prétexte d'insuffisance de ses biens actuels, c'est bien moins à cause de la réalité de cette insuffisance, que pour céder à l'excès de précaution de son créancier; et alors notre article devient la source d'un abus et d'un mal ordinairement sans remède, en ce sens que, si pour faire annuler l'hypothèque sur les biens à venir en justifiant de la suffisance des biens présents, on voulait suivre la marche indiquée par l'article 2161 du Code, on se jetterait dans un dédale de procédures et de frais que ne comporteraient pas la plupart des affaires.

Sur ce point encore, comme sur beaucoup d'autres, nos combinaisons hypothécaires semblent n'avoir été imaginées et conçues que pour un pays d'aristocratie territoriale, et non pour la France, où le sol, morcelé à l'excès, nous donne des propriétaires par millions.

Nous avons donc lieu de croire que cet art. 2130, inconciliable avec le système de spécialité le mieux entendu et le plus favorable au prêt hypothécaire, ne paraîtrait pas un sacrifice digne de regret.

§ III. Hypothèque judiciaire.

Cette hypothèque est celle qui résulte des jugements en faveur de ceux qui les ont obtenus, ou des reconnaissances ou vérifications faites en jugement des signatures apposées à un acte obligatoire sous seing privé.

Elle s'étend sur les immeubles actuels du débiteur et sur ceux qu'il peut acquérir.

Cette généralité est défavorable au crédit de la propriété ; elle met incessamment du trouble et des embarras dans les affaires, notamment dans les distributions de deniers entre les créanciers, lorsque l'hypothèque générale vient en concours avec l'hypothèque spéciale postérieurement inscrite.

L'hypothèque générale, de sa nature indivisible, peut, en s'exerçant sur un seul immeuble, en absorber le prix, et réduire au néant le droit d'un créancier spécialement inscrit sur ce gage ; tandis qu'un créancier postérieur, ayant hypothèque sur un autre immeuble que par hasard l'hypothèque générale aura respecté, sera payé intégralement, quoique, à l'époque de

son contrat avec le débiteur commun , il eût dû
compter sur des chances moins favorables , puisqu'à cette époque l'actif de ce dernier était
moins important.

Ces inconvénients donnent lieu de penser que
le législateur, dont la prédilection pour la spécialité se fait voir partout , ne s'est déterminé à
généraliser l'hypothèque judiciaire que par l'impossibilité d'en restreindre les bornes : il fallait
bien donner au créancier de bonne foi les sûretés que son débiteur lui refusait , et il y aurait
eu danger pour ses droits de ne lui offrir qu'une
garantie illusoire , en la bornant à certains immeubles, dans l'ignorance où le tribunal pouvait
être de leur valeur ; déduction faite des charges
qui déjà pouvaient les grever.

Quoi qu'il en soit , il y a évidemment imprudence à prêter un capital sur un immeuble ,
lorsque l'emprunteur est déjà sous le coup d'une
hypothèque générale ; car il serait possible que
cette hypothèque , comme nous venons de le
dire, vînt absorber le prix de cet immeuble au
détriment de l'hypothèque spéciale.

Sans doute le porteur de celle-ci peut parer
ce coup par le paiement avec subrogation, qui
lui permet alors de reporter l'hypothèque générale sur les autres immeubles , et de laisser à

l'hypothèque spéciale la liberté de produire son effet. Mais cette ressource, qui d'ailleurs exige des capitaux dont on peut être dépourvu, ne vient pas toujours à l'esprit des créanciers, pour la plupart étrangers à la science du droit.

C'est afin de tempérer ce que l'hypothèque générale a de fâcheux pour le crédit de la propriété, que la loi permet au débiteur de faire restreindre cette hypothèque, lorsqu'elle frappe sur plus de domaines différents que la sûreté de la créance ne le réclame.

Mais ce correctif, fort bon à conserver pour les hypothèques légales qui embrassent aussi la généralité des biens, nous paraît susceptible d'être avantageusement remplacé en fait d'hypothèque judiciaire. Le législateur, dans son affection pour la spécialité, aurait probablement accueilli cette amélioration, si, lors de la discussion du régime actuel, les éléments de publicité et d'appréciation que nous révélons aujourd'hui n'avaient pas été dans les ténèbres.

Cette amélioration consiste à restreindre, ou plutôt à spécialiser l'hypothèque par le jugement même de condamnation. On remarquera, par la distribution du répertoire, combien il est facile d'éclairer le tribunal sur la position immobilière du défendeur, et, par conséquent, de le mettre à même de circonscrire l'hypothèque dans des bornes compatibles avec l'intérêt du créancier et avec celui du débiteur. En effet, le revenu imposable, mis en rapport avec la valeur vénale, comme nous l'avons expliqué au chapitre qui traite du nivellement de ce revenu, deviendrait, pour les juges, un excellent moyen d'appréciation. Le répertoire permettrait de les guider encore par d'autres notions puisées dans les prix d'acquisitions ou dans les baux à ferme.

Cette mesure aurait l'avantage d'épargner une demande ultérieure en réduction d'hypothèque, ainsi que les difficultés et les frais que cette action entraîne nécessairement.

Nous compléterons l'exposition de nos vues sur ce point dans le chapitre du mode de conservation des priviléges et hypothèques.

§ IV. Rang des hypothèques entre elles.

Dans le système que nous présentons, les dispositions de l'article 2134 du Code civil recevraient une exécution complète. L'hypothèque soit légale, soit judiciaire, soit conventionnelle, n'aurait de rang entre les créanciers que du jour de l'enregistrement du titre qui constaterait leurs droits. Il n'y aurait d'exception dans aucun cas : c'est le moyen de prévenir toute surprise contre les tiers, et de mettre fin aux difficultés que font surgir à chaque instant les exceptions à la règle posée dans l'article ci-dessus.

On pourrait, à la rigueur, fixer le rang de l'hypothèque à la date du titre, pourvu que l'enregistrement de ce titre eût lieu dans le délai de la loi; mais il y aurait cet inconvénient que rien ne préviendrait les dangers de l'antidate au moins entre ces deux limites, tandis que l'enregistrement dans des livres arrêtés chaque jour ne laisse pas cette latitude et prévient toute espèce de fraude.

Cette règle, générale et uniforme, améliorerait la position des créanciers dont le rang, subordonné à la date de l'inscription dans l'ordre actuel des choses, est exposé à des chances de retard, tantôt par la lenteur du notaire dans l'expédition du titre, tantôt par la distance du lieu où siége le bureau des hypothèques; et elle ne changerait pas beaucoup la position de ceux dont l'hypothèque remonte actuellement à la date du titre, puisque l'enregistrement peut avoir lieu le jour même du contrat, et ne peut, dans aucun cas, éprouver qu'un très-faible ajournement : ainsi, en somme, il y aurait simplification incontestable et avantage pour tous les intérêts.

CHAPITRE IX.

MODE DE CONSERVATION DES PRIVILÉGES ET HYPOTHÈQUES.

CONSIDÉRATIONS GÉNÉRALES.

Comme on l'a vu au chapitre **2**, c'est par l'enregistrement de l'acte constitutif de la créance que devrait s'établir le rang des hypothèques ; ce moyen, au mode près de publicité qui n'existait pas à cette époque, est la reproduction du principe de la loi du 5 décembre 1790 sur l'enregistrement, qui devait avoir pour but de constater les dates et l'ordre des hypothèques.

Nous supprimons l'inscription comme double rouage rempli d'inconvénients, sans aucune compensation.

Aujourd'hui de nombreuses constitutions d'hypothèques ne sont point inscrites, ou le sont tardivement ; et ce fait incontestable devient une source de dommages et de regrets pour les créanciers dont l'inscription a été négligée.

Au contraire, dans le système que nous exposons, tous les engagements hypothécaires sont livrés à la connaissance publique, et produisent leur effet, sauf le cas de non-enregistrement, cas très-rare, qui au reste n'aurait pas de résultat plus dommageable qu'il n'en a aujourd'hui, puisque l'acte non enregistré ne peut être délivré en expédition, ni par conséquent présenté au bureau des hypothèques.

Si l'on suppute le temps moyen qui s'écoule entre l'enregistrement et l'inscription, il ne sera guère au dessous d'un mois, car l'officier public ne réside pas toujours près du conservateur : il faut d'ailleurs qu'après son enregistrement l'acte soit expédié, et qu'un double bordereau accompagne l'expédition ; toutes choses qui demandent beaucoup de temps. Ce retard n'aurait plus lieu par la suppression de l'inscription : et combien d'événements préjudiciables ne peuvent-ils pas survenir pendant cet intervalle !

Quelques-uns, conseillés par la prudence, retiennent les fonds prêtés, ou les mettent en dépôt jusqu'à l'accomplissement de l'inscription. C'est une perte considérable, car pendant ce temps l'intérêt court, et le capital ne produit pas les fruits de la circulation qui vivifie tout ce qu'elle touche.

Nous répétons que toutes les créances hypothécaires seraient publiées par le seul fait de l'enregistrement, tandis que, dans l'ordre actuel des choses, il y en a qui ne le sont pas faute d'inscription, ou qui ne le sont que par une inscription tardive. Il ne faut pas regarder cette négligence comme indifférente au créancier plus diligent qui fait inscrire son titre. Celui-ci, sans doute, a la préférence sur le créancier insouciant qui laisse dormir son hypothèque ; mais que les affaires du débiteur viennent à se déranger, bientôt arrivent les inscriptions laissées en arrière ; et, au lieu d'un ordre à l'amiable et peu dispendieux pour la distribution du prix entre les créanciers, on est obligé de procéder en justice ; moyen interminable par les formalités qu'il nécessite, et ruineux par les frais qu'il entraîne : et comme ces frais se prélèvent sur le gage commun, souvent il en résulte que tel créancier qui, sans un ordre judiciaire, aurait pu être payé, finit par perdre sinon la totalité, du moins une partie de sa créance. Nous pourrions en citer de nombreux exemples, si cela était nécessaire.

Par notre nouveau mode, le prêteur, toujours éclairé sur la situation vraie de l'emprunteur, pourrait s'arrêter à temps et ne pas compromettre ses intérêts.

On ne sera peut-être pas fâché de trouver ici un aperçu de l'économie que la substitution de l'enregistrement à l'inscription actuelle ajouterait à ses autres avantages.

Aujourd'hui il en coûte pour le dépôt au bureau des hypothèques. . . . » fr. 25 c.

Pour le salaire du conservateur. 1 »

Pour le timbre des registres, environ. . . . . » 40

Pour le coût et le timbre des bordereaux, ordinairement. . . 3 70

Total. . . 5 35

Le mode nouveau n'entraînerait ni salaire ni bordereaux : seulement un extrait de l'acte conforme au modèle B ou C remplacerait cette dernière pièce.

Le receveur ne toucherait pas de salaire, puisqu'il aurait, comme aujourd'hui, sa remise sur le droit d'enregistrement de la minute; l'emprunteur ne supporterait que le coût de l'extrait énoncé plus haut, lequel, terme moyen, ne devrait pas excéder deux francs, y compris les 25 centimes dus au conservateur pour la mention du dépôt et pour le report de la formalité au répertoire. . . . . . . 2 fr. »

En y ajoutant pour le coût d'une feuille de papier timbré, ci. . . » 35

cela fait, ci. 2 35

au lieu de. 5 35

Différence formant économie. . 3 »

Ce qui, multiplié par 600 mille, nombre moyen des inscriptions annuelles, formerait une économie totale de un million huit cent mille francs.

Plus de la moitié de ces inscriptions sont au dessous de 500 francs, et plus des trois quarts au dessous de mille francs chacune; ainsi, cette épargne tournerait au profit de la petite propriété, car ce ne sont pas ordinairement les riches propriétaires qui font ces faibles emprunts.

Ce bienfait, accordé à la classe essentiellement et nécessairement travailleuse, rentrerait on ne peut mieux dans les idées du jour, qui sont le soulagement de la population ouvrière. Les écritures du ministère nous apprennent que sur 10 millions de cotes foncières, nombre total de celles qui existent, il y en a 8 millions au dessous de 20 fr. et 5 millions au dessous de 5 fr. Ceux qui paient ces faibles contributions ne trouvent évidemment de moyens d'existence que dans la vigueur de leurs bras jointe à l'amour du travail. Il doit donc importer aux pouvoirs de l'Etat de réduire autant que possible les charges et les frais qui pèsent sur cette classe intéressante et nombreuse, dont les sueurs concourent si puissamment à créer de nouvelles richesses.

Nous avons dit quel était annuellement le nombre des inscriptions de 500 francs et au dessous ; disons à présent combien il en coûte à peu près pour l'emprunt de cette faible somme.

Sur 500 francs il faut prélever :

1° Pour la minute de l'obligation.	5 fr.	»
2° Pour le droit d'enregistrement.	5	50
3° Pour le timbre, minute et expédition.	3	20
4° Pour l'expédition, ordinairement trois rôles.	4	50
5° Pour les bordereaux de créance.	3	70
6° Pour l'inscription, environ..	3	»
7° Pour vérifier la situation hypothécaire de l'emprunteur, environ.	3	»
Total. . . .	27	90

Plus tard il faut ajouter :

1° Pour minute de la quittance.	5 fr.	»
2° Pour l'enregistrement. . .	2	75
3° Pour le timbre.	2	85
4° Pour l'expédition et pour un extrait au conservateur..	3	»
5° Pour la radiation de l'inscription.	1	35
En tout. . . .	42	85

En ajoutant l'intérêt à 5 p. %, seulement, chose plus rare qu'on ne le pense (25 fr.), on a un total de 67 fr. 85 c., c'est-à-dire 13 fr. 56 c. p. %, du capital lorsque l'emprunt ne se fait que pour un an, et 9 fr. 25 c. p. %, lorsqu'il se fait pour deux ans , terme le plus long de ces modiques prêts , sauf de rares exceptions.

Plus la somme empruntée est faible, plus les charges qui pèsent sur l'emprunteur s'élèvent ; car les droits de timbre , le salaire du conservateur , les frais d'expédition ne varient pas : ainsi, pour un capital de 100 à 200 fr., le moins qu'il en puisse coûter, c'est 15 à 20 p. %, ; or le nombre des inscriptions au dessous de 200 fr. est d'environ 152 mille , un peu plus du quart de toutes celles qui se font annuellement.

Il est clair, d'après cela, que notre régime hypothécaire n'est nullement conforme aux besoins de la petite propriété si nombreuse en France, et d'autant plus digne d'égards et de protection qu'elle est pour le pays un puissant élément de force et de richesse.

La loi déploie sa sévérité contre celui qui prête son argent à plus de 5 ou de 6 p. %, selon qu'il s'agit d'un simple particulier ou d'un commerçant : heureux cependant l'emprunteur qui trouve un usurier assez modéré pour se contenter de 10 pour cent sur simple billet ! Il n'est pas mieux traité chez le notaire, en raison des frais de toute nature qui accompagnent le prêt authentique, et il a de plus le désagrément d'avoir ses biens grevés d'hypothèques, et par conséquent de ne pouvoir plus en disposer aussi pleinement ni en tirer crédit.

A ce prix, l'usure semblerait mériter la protection de la loi plutôt que ses rigueurs. Nous ne voulons pas aborder ici la question du taux de l'intérêt; cette grave question que les économistes les plus recommandables décident dans le sens d'une liberté absolue, sortirait des bornes de notre cadre. Mais il nous semble que si la loi s'est montrée prévoyante et sage en limitant le loyer des capitaux, précaution peut-être nécessaire lorsque de grandes commotions politiques ont bouleversé toutes les existences, mais peut-être aussi en opposition avec les besoins de la société lorsque l'équilibre est parfaitement rétabli, il nous semble qu'aujourd'hui, où l'industrie réclame le concours de tous les capitaux pour se développer, il serait convenable de borner la limitation du taux de l'intérêt aux emprunts hypothécaires, qui ne présentent pas les mêmes chances de perte que le prêt sur billet simple. Il s'établirait probablement contre les placements hypothécaires une concurrence très-favorable à la petite culture ; car bien des gens qui se contentent de l'intérêt légal, moyennant une hypothèque qui triple par ses frais le montant de ce loyer, se décideraient la plupart du temps à prêter sur une simple reconnaissance, si, en compensation des chances de perte liées à ce mode de placement, l'intérêt pouvait être élevé à 7 ou 8 pour cent. L'emprunteur et le prêteur y trouveraient également leur compte, ce premier surtout dont les sacrifices seraient diminués de moitié.

L'économie de 3 francs par chaque créance hypothécaire, ainsi qu'on l'a vu plus haut, pourrait encore s'accroître sans inconvénient réel à l'égard des faibles emprunts : ce serait d'obliger les notaires à remettre en brevet tout acte obligatoire au dessous de 500 francs, à moins que les parties ne voulussent qu'il en restât minute, ce qui alors devrait être énoncé dans l'acte. D'anciens règlements permettaient la délivrance en brevet des obligations de 300 f. et au dessous, et à cette époque 300 francs en valaient bien 500 de nos jours.

Il devrait en être de même, à plus forte

raison , des quittances relatives à ces obligations.

Mais cette mesure serait incomplète si le brevet ne pouvait pas s'exécuter par voie de commandement, et qu'il fallût, comme cela se fait aujourd'hui, le rétablir au rang des minutes pour en obtenir une expédition parée, ce qui, indépendamment des frais que cette obligation engendre, occasionne la dépense d'un acte de dépôt. Il faudrait donc, pour éviter cet inconvénient, que le brevet contînt la formule exécutoire consacrée pour la grosse des actes.

Cette délivrance serait exempte de danger pour le créancier; car s'il venait à perdre son titre, il en retrouverait au bureau des hypothèques l'extrait revêtu de la signature et du sceau du notaire, extrait par conséquent authentique, et d'autant plus digne de foi qu'il porterait en outre un certificat de conformité de la main du conservateur.

Cette nouvelle économie donnerait, terme moyen, 7 francs pour chaque obligation ; et comme, d'après un aperçu qui approche bien certainement de la vérité, il se fait environ par année 300 mille inscriptions de 500 francs et au dessous, cette épargne procurerait un soulagement de **2** millions 100 mille francs aux possesseurs de la petite propriété.

Ce serait, il est vrai, pour les notaires et pour le trésor, une perte de quelque importance; mais ces millions, laissés à l'industrie agricole, ne manqueraient pas, en la fécondant, d'indemniser bientôt les notaires et le trésor par les honoraires et les droits qu'engendrerait un mouvement d'affaires beaucoup plus considérable.

§ Ier. Conservation du privilége du vendeur.

L'enregistrement de l'acte de vente dans le délai de la loi vaudrait conservation du privilége du vendeur, ou, le cas échéant, du bailleur de fonds. Ainsi, plus de danger pour les tiers dans l'effet rétroactif d'un privilége mis au jour par une inscription longtemps différée ; car, tous les actes de vente venant à l'enregistrement peu de jours après leur date, il y aurait peu d'intervalle entre la proclamation du privilége et l'époque de sa naissance.

Toutefois il devrait être loisible au vendeur ou au bailleur de fonds de renoncer au privilége par une disposition de l'acte de vente. Dans ce cas, mention du privilége ne serait pas faite sur le répertoire destiné aux recherches , et ce qui resterait dû sur le prix de la vente ne pourrait plus devenir l'objet d'une action hypothécaire ni d'une action résolutoire : ce serait la conséquence naturelle de la renonciation au privilége. Les tiers n'étant pas avertis de l'existence de la dette par le fait même du créancier , il serait naturel et juste qu'ils fussent à l'abri de toute atteinte de la part de celui-ci.

Lorsqu'on voudrait conserver le privilége , l'extrait , que le notaire devrait joindre à la minute de l'acte présenté à l'enregistrement , s'en expliquerait en ces termes , après l'énonciation du reliquat du prix de la vente : « Pourquoi le vendeur entend conserver son privilége sur les biens vendus (1). »

Cet extrait, certifié par le notaire, revêtu du sceau de son ministère, et vérifié par le receveur-conservateur de l'enregistrement, qui, en cas d'inexactitude, le ferait rectifier immédiatement ou constaterait, le cas échéant, le refus de rectification, pour faire retomber la responsabilité sur qui de droit, serait conservé par celui-ci, et placé, à son ordre de date et de numéro, dans un registre à reliure mobile, qui

---

(1) Voir le modèle B.

tiendrait lieu des registres actuels d'inscription hypothécaire.

Ainsi il y aurait uniformité, ordre et méthode dans le libellé des dispositions destinées à être mises sous les yeux du public , et de plus épargne du temps aujourd'hui nécessaire pour la transcription de l'acte de vente et pour l'inscription d'office du privilége ; car cet extrait pourvoirait à cette double formalité , cause perpétuelle de retards dans la suite des affaires.

Mais comme , dans notre système , le public devrait être mis à portée de consulter la position hypothécaire du débiteur , soit au bureau de son domicile , soit à celui de la situation des immeubles , on devrait opérer ainsi qu'il suit :

Lorsque ce domicile ou cette situation ne se trouverait pas dans le ressort du bureau où l'acte aurait reçu la formalité de l'enregistrement , le receveur-conservateur , au lieu d'en garder l'extrait , le transmettrait immédiatement au bureau du domicile.

Si l'assiette des immeubles se trouvait dans un autre canton , il adresserait en même temps au receveur de ce canton un duplicata de cet extrait.

En conséquence , le notaire devrait joindre à la minute de l'acte le nombre d'extraits nécessaires pour que l'on pût opérer ce double renvoi.

L'un de ces extraits devrait être nécessairement sur papier timbré ; quant aux duplicata, il serait convenable et juste qu'ils fussent affranchis de cette contribution.

Nous ne pouvons trop le redire : diminuer les frais autant que possible, c'est semer pour récolter ; ce ne serait pas une perte pour le trésor ni pour les notaires ; ils trouveraient un ample dédommagement dans la multiplication des affaires.

Ce renvoi aurait lieu au plus tard dans les deux jours du dépôt ; il serait constaté dans un registre à colonnes, arrêté jour par jour : on mentionnerait dans l'une de ces colonnes la date de l'arrivée, que le receveur de la destination devrait faire connaître immédiatement , par l'envoi d'un accusé de réception, au bureau du départ.

Avec l'organisation actuelle du service des postes, ce mode de renvoi serait très-praticable, et surtout prompt et sûr. C'est au surplus la voie dont aujourd'hui se servent les parties ou les notaires, lorsque les immeubles ont leur assiette dans un lieu éloigné de leur domicile. Leur position, à cet égard, serait plus favorable; car ils n'auraient plus à s'occuper de l'envoi des pièces, ni de la transmission plus gênante encore de l'argent qui doit accompagner cet envoi, pour couvrir les honoraires du conservateur et les droits du trésor.

Les notaires seraient, en outre, débarrassés du soin de toute correspondance avec le conservateur; ils n'auraient plus à faire, pour se rendre à son bureau, un trajet long et dispendieux : c'est au bureau de leur canton, où chaque jour l'enregistrement des actes les appelle, que s'accomplirait la formalité hypothécaire, et qu'ils obtiendraient en même temps les renseignements qui pourraient leur être nécessaires pour prévenir les dangers de la mauvaise foi dans les emprunts ou dans les ventes.

Si l'obligation de fournir des extraits et de faire des renvois présente quelque embarras, la nécessité où l'on est aujourd'hui de faire des bordereaux, et d'envoyer ces pièces au conservateur de la situation des biens, est plus onéreuse et n'est pas moins gênante : restent donc les avantages que nous avons signalés; et ces avantages, joints à beaucoup d'autres, ne peuvent mettre en doute la supériorité du nouveau système sur le régime incomplet et vicieux qui existe maintenant.

Chaque extrait serait mentionné sur le répertoire (1), et ce répertoire, complété par une table alphabétique, permettrait d'un coup d'œil de remonter à la source , et de donner au public les communications et les copies dont il ferait la demande.

§ II. Conservation du privilége du cohéritier ou copartageant.

Ce privilége serait conservé et publié de la même manière que celui du vendeur.

Mais il faudrait, en matière de licitation, qu'on exprimât dans le contrat la portion de prix que l'adjudicataire colicitant ne confondrait pas en sa personne : sans cela le conservateur ne saurait, eu égard à des rapports pour avancement d'hoirie ou pour d'autres causes , deviner ce que cet adjudicataire pourrait devoir à ses cohéritiers sur le *prix de l'adjudication.*

A défaut de cette mention , leur privilége ne serait pas relevé au répertoire, et n'aurait pas d'effet contre les tiers ; leur position , dans ce cas , serait ce qu'elle est aujourd'hui lorsqu'ils ne requièrent pas inscription dans les 60 jours de l'adjudication (Code civil , art. 2109).

Cette difficulté n'existerait pas pour la publi-

---

(1) Voir le modèle A.

cation des soultes de partage, puisque le chiffre
en est toujours exprimé dans le contrat.

§ III. Conservation du privilége des architectes, des créanciers
et légataires, et du trésor.

Il serait pourvu par les moyens ci-dessus à la
publication de ces priviléges.

Lorsque le privilége résulterait d'un acte sous
seing privé, le receveur qui revêtirait cet acte
de la formalité de l'enregistrement serait
chargé de la rédaction de l'extrait dont il s'agit,
si les parties n'aimaient mieux s'adresser à un
notaire de leur choix.

§ IV. Conservation des hypothèques légales.

Droits des femmes sur les biens de leurs maris.

Ces droits consistent dans les apports de la
femme, ainsi que dans les avantages matrimoniaux établis par le contrat de mariage, ou bien
ils résultent d'actes ultérieurs.

Les apports et droits matrimoniaux ne cau-
seraient pas d'embarras, le contrat de mariage
en détermine toujours le chiffre; il suffirait
donc que le notaire joignît au contrat un extrait dans la forme prescrite, c'est-à-dire
conforme au modèle C.

Si, dans le cas prévu par l'art. 2140 du Code

civil, l'hypothèque était réduite à certains immeubles, cet extrait en contiendrait la désignation article par article, conformément aux énonciations du cadastre.

En cas d'hypothèque générale, on se bornerait à la mention des cantons où le mari possède des biens immeubles.

Le notaire qui omettrait cette mention dans le contrat de mariage encourrait une amende de..... payable en même temps que le droit d'enregistrement; en outre, il pourrait être déclaré responsable des dommages que cette omission aurait pu causer, en retardant la publication de l'hypothèque au bureau de la situation des immeubles.

Ce renseignement ne saurait être un objet de difficulté pour le notaire : le répertoire ouvert au bureau du domicile faisant connaître les lieux où tout propriétaire jouit d'un revenu imposable, le notaire serait toujours à portée de s'éclairer parfaitement sur ce point, et par conséquent d'énoncer dans le contrat les communes de la situation des biens imposés.

Cette omission, toutefois, ne devrait pas dispenser le conservateur du domicile du mari de prendre les mesures nécessaires pour assurer cette publication, en compulsant son répertoire, où, nous le répétons encore, se trouverait la désignation des communes dans lesquelles le grevé posséderait des biens immeubles.

Il n'y aurait pas non plus d'empêchement insurmontable pour la publication des droits des femmes non établis dans leur contrat de mariage.

Lorsqu'il serait question, par exemple, de propres aliénés, un extrait de l'acte de vente serait remis au bureau, joint à la minute soumise à l'enregistrement, et le conservateur relèverait le prix de cette vente au compte ouvert des charges hypothécaires du mari, où, le cas échéant, ferait à d'autres bureaux les renvois prescrits.

Il en serait de même pour les sommes ou valeurs mobilières que la femme acquerrait par donation entre-vifs à titre de propres ; cet acte devrait être également accompagné d'un extrait dans la forme voulue.

Quant aux sommes ou valeurs mobilières qui écherraient à la femme par succession, une mesure préalable deviendrait nécessaire : il faudrait que les scellés fussent toujours apposés sur les successions où des femmes mariées seraient appelées à prendre part, ou tout au moins qu'il en fût immédiatement dressé un inventaire estimatif.

Un article de loi imposerait cette obligation ; mais seulement pour le cas où ces sommes et valeurs, qui tombent naturellement dans la communauté conjugale, en auraient été exclues par le contrat de mariage, ce qu'il serait toujours facile de vérifier au bureau de l'enregistrement et des hypothèques.

Cet inventaire ne serait reçu à l'enregistrement qu'autant qu'on y aurait joint un extrait contenant l'évaluation des sommes assurées par l'hypothèque légale.

Le partage ou l'acte qui, plus tard, réglerait définitivement la succession, serait accompagné d'un nouvel extrait qui servirait à régulariser, s'il y avait lieu, le *quantum* de l'inscription publiée en vertu de l'inventaire.

Ce règlement définitif, de même que les quittances de sommes qui n'y auraient pas été comprises, et qui écherraient ultérieurement à la femme par l'effet d'une action en rescision ou de toute autre manière, devrait être passé devant notaire, ou nécessairement soumis à l'enregistrement s'il était sous seing privé, de manière que l'hypothèque de la femme à cet égard pût être mise au jour et prendre rang.

A défaut d'enregistrement, cette hypothèque ne pourrait pas être opposée aux tiers ; mais les débiteurs qui auraient fait au mari, sur quittances non enregistrées, le paiement des sommes dues à la femme, ne seraient pas valablement libérés envers elle.

Les dettes contractées par la femme solidairement avec son mari pourraient aussi se publier à mesure des obligations soumises à l'enregistrement ; mais cette précaution ne semble pas indispensable : car, en supposant que la femme fût obligée de payer elle-même ces dettes, ce ne pourrait être qu'avec des deniers provenant de ses apports ou de la réalisation de ses propres, pour lesquels son hypothèque aurait été publiée antérieurement, en vertu de son contrat de mariage, ou d'après d'autres actes, ainsi que nous l'avons dit plus haut.

En sorte que si ces dettes communes devaient être inscrites contre le mari à mesure des obligations, il y aurait à la fois au profit de la femme inscription pour cette indemnité éventuelle, puis encore pour les sommes avec lesquelles cette dernière devrait payer la dette.

Ce double emploi jetterait du trouble dans les écritures, et nuirait en même temps au crédit du mari, par l'apparence d'une situation double de ce qu'elle serait en réalité.

Nous sommes obligé de convenir cependant

que si la femme était forcée de vendre un propre pour payer la dette commune et solidaire, l'hypothèque qui lui serait dévolue pour le prix de cet immeuble ne prenant rang que du jour de l'enregistrement de la vente, la femme perdrait ainsi la priorité qu'elle aurait obtenue sur des tiers créanciers, si son droit éventuel à raison de la dette à payer eût été inscrit lors de l'enregistrement de l'obligation.

Mais il ne faut pas, pour un cas exceptionnel, probablement fort rare, gêner le mécanisme hypothécaire par une foule d'écritures presque toujours inutiles; paralyser le crédit du mari par une situation effrayante aux yeux de ceux qui ne se donneraient pas la peine de séparer de l'actualité ce qui ne serait qu'éventuel et mis en double emploi; doubler les frais relatifs aux certificats du conservateur; enfin, en cas de vente des biens du mari, occasionner des embarras inextricables pour le paiement du prix en présence de ces droits éventuels qui presque jamais ne se réaliseraient. Lorsqu'il n'est pas possible de protéger un intérêt sans en froisser beaucoup d'autres, la raison publique veut qu'on le néglige en faveur de ceux-ci.

Jetons, avant de terminer ce paragraphe, un

coup d'œil rapide sur les avantages de la publication des hypothèques légales.

Les hypothèques légales des femmes seraient publiées comme le sont toutes les autres ; leur rang serait, de même que le rang de celles-ci , invariablement fixé par la date de l'enregistrement du contrat ou de l'acte qui aurait constitué le mari débiteur des sommes appartenant à sa femme. Ainsi les créanciers hypothécaires du mari n'auraient plus à redouter l'apparition soudaine d'hypothèques sur lesquelles ils ne comptaient pas, et dont l'effet ordinaire est d'anéantir les leurs.

La publication de ces hypothèques dirait quel en est le montant avec une exactitude d'autant plus rassurante pour tous les intérêts, que l'indication de ces sommes serait puisée dans les actes mêmes qui constateraient l'origine et la cause de la dette. S'il arrivait, par de rares exceptions, que le chiffre en fût éventuel, on devrait y suppléer par une évaluation qui ne pourrait pas être dépassée dans le règlement ultérieur des droits de chacun des créanciers sur le gage commun. Par conséquent plus de doute, plus d'inquiétude pour ceux qui jugeraient à propos de prêter leurs capitaux à la propriété du mari.

Ces hypothèques pourraient, comme on l'a vu plus haut, se spécialiser avec une facilité d'autant plus grande, que la valeur des biens serait déterminée par leur revenu imposable, et qu'il ne faudrait, pour formuler l'acte de spécialisation, que la volonté commune du mari et de la femme, sauf la simple vérification de l'énonciation de la créance et de l'expression de la valeur du gage spécial, par le notaire rédacteur de cet acte, et par le receveur-conservateur chargé de l'enregistrer. Dès lors plus d'entraves pour le crédit du mari, plus aucun des fâcheux inconvénients liés à l'hypothèque générale, en présence de laquelle l'hypothèque spéciale n'est plus qu'une vaine garantie que la prudence des capitalistes ne saurait que repousser.

Enfin, par la publication de ces hypothèques, les tiers détenteurs seraient délivrés de l'obligation de faire des purges légales. Si la situation hypothécaire du vendeur était nette de toute charge, ils pourraient sur-le-champ se libérer du prix de la vente, sans avoir à craindre de payer deux fois. Les frais de purge légale, que soixante millions ne solderaient pas chaque année si l'on voulait remplir cette formalité pour toutes les mutations d'immeubles, seraient épargnés. Les tiers détenteurs qui, pendant l'accomplissement des actes de purge, sont obligés de subir l'intérêt d'un capital qui sommeille dans leur coffre, n'auraient plus à déplorer cette perte, et la richesse industrielle du pays s'accroîtrait de tous les fruits de la circulation plus rapide des nombreux capitaux que cette malencontreuse purge légale tient en suspens pendant un terme moyen de trois ou quatre mois. Ces capitaux s'élèvent au moins à 400 millions annuellement. Comme l'argent se multiplie par la circulation ainsi que le poids par la vitesse, on doit en conclure que les fruits de cette somme énorme seraient doublés ou triplés au profit de la richesse nationale, si, au lieu de dormir stérilement dans les mains des tiers détenteurs pendant trois ou quatre mois, elle allait alimenter plusieurs fois l'activité industrielle ou agricole, de tant de bras laborieux obligés quelquefois de ralentir ou de suspendre leurs travaux, dans l'impossibilité où ils se trouvent, à défaut de numéraire, de se procurer des éléments de production.

Droits des mineurs et des interdits.

Ce que nous venons d'expliquer pour les droits des femmes s'appliquerait en tous points aux droits des mineurs et des interdits, droits dont le montant est toujours établi par un inventaire ou par d'autres actes soumis à l'enregistrement. Ils pourraient donc toujours être relevés au répertoire, à mesure de la formalité de l'enregistrement, appuyée d'un extrait en forme des actes dont il s'agit.

Mais, pour ne pas rendre nécessaire l'enregistrement des quittances d'intérêts, fermages ou revenus quelconques, le conseil de famille, lorsque le revenu annuel des pupilles paraîtrait assez élevé pour laisser un reliquat à la disposition du tuteur, pourrait fixer dans l'acte de tutelle, ou dans un procès-verbal d'avis et de délibération rédigé particulièrement, le montant de l'hypothèque destinée à garantir ce reliquat; et cette hypothèque serait publiée par l'enregistrement de cet acte, de la manière accoutumée.

Les capitaux touchés par le tuteur postérieurement à l'inventaire, et qui *n'y auraient pas été compris*, devraient nécessairement faire l'objet d'une quittance authentique, ou, en tout cas, d'une quittance présentée à l'enregistrement, sous peine de ne pouvoir être opposés aux droits hypothécaires du tiers créancier du tuteur, et de rester soumis à l'action des pupilles contre le débiteur, lequel ne pourrait leur opposer une quittance non enregistrée.

Maintenant il nous reste à résoudre une difficulté d'exécution. L'hypothèque légale frappe de sa nature tous les biens présents du débiteur, et ceux qu'il peut acquérir ultérieurement. Il est facile, comme nous croyons l'avoir démontré par les détails qui précèdent, de publier les droits du créancier *au bureau de la situation*, lorsque les immeubles sont possédés à l'époque de l'enregistrement du titre qui donne naissance à l'hypothèque légale. Mais comment ferait-on pour porter à la connaissance du public l'extension et l'application de cette hypothèque aux biens acquis postérieurement ?

Si cette acquisition avait lieu dans le canton du domicile, il ne pourrait y avoir de difficulté, puisque l'hypothèque légale, déjà relevée sur le répertoire de ce bureau, embrasserait ostensiblement cette acquisition, comme les autres biens antérieurement possédés.

Si les biens nouvellement acquis étaient situés dans un canton autre que celui du domicile, mais où le grevé possédât déjà d'autres biens , il n'y aurait non plus ni difficulté ni embarras, puisque l'hypothèque légale , précédemment renvoyée du bureau du domicile à celui de ce canton, frapperait aussi d'une manière appa- rente les immeubles faisant l'objet de l'acquisi- tion nouvelle.

A l'égard des acquisitions que le grevé d'hy- pothèque légale pourrait avoir faites dans un canton où il ne posséderait encore aucune pro- priété, voici la marche qui devrait être suivie. Nous avons dit que l'extrait de tout acte d'ac- quisition serait renvoyé immédiatement au bu- reau du domicile : à la réception de cet extrait, le conservateur chargé de la gestion de ce bu- reau jetterait un coup d'œil sur le répertoire, afin de s'assurer s'il y a ou non une hypothèque légale contre le nouvel acquéreur. Dans l'affir- mative, il adresserait à l'instant même la copie des écritures relatives à cette hypothèque légale au bureau de la situation des biens acquis ré- cemment, où elle serait immédiatement classée à son rang, et mise en évidence par son report au répertoire.

Nous parviendrions ainsi à publier toutes les hypothèques légales , non-seulement au bureau du domicile du grevé , mais encore à celui de la situation de chacun de ses immeubles, soit qu'il en eût fait l'acquisition avant ou après la naissance de l'hypothèque. Ainsi, au moyen de cette double publication, ceux qui craindraient de n'être pas éclairés parfaitement au bureau de la situation, par l'effet de retard ou d'inexactitude dans les opérations ou dans la circulation des renvois, auraient, en s'adressant au bureau du domicile, la ressource d'un moyen de contrôle qui mettrait fin à leur incertitude.

Comptables publics.

Les explications qui précèdent nous dispensent d'entrer dans de nouveaux détails sur les hypothèques légales dont sont affectés les biens des comptables publics.

L'enregistrement de la commission au bureau du domicile vaudrait inscription sur les biens présents ; l'énonciation de la qualité de comptable dans les actes d'acquisition permettrait d'étendre la publicité aux biens ultérieurement acquis, par le procédé dont nous venons d'expliquer le mécanisme.

§ V. Conservation des hypothèques judiciaires.

Nous sommes obligé de mettre une condition à la publicité de cette hypothèque générale ; elle

nous est suggérée par la multiplicité des jugements d'un mince intérêt qui s'enrégistrent
chaque jour, et par le besoin de guider le receveur dans ses écritures d'ordre.

Aujourd'hui l'hypothèque judiciaire ne peut
être inscrite, si le créancier n'en fait la réquisition, et ne présente au conservateur l'expédition du jugement et deux bordereaux à l'appui,
dont le coût, assez souvent, est une nouvelle
perte pour le créancier; car le débiteur qu'on
est obligé de poursuivre par les voies judiciaires
n'est pas toujours d'une solvabilité digne de
confiance.

Nous ne voulons pas imposer au créancier
une obligation plus difficile à remplir ni plus
dispendieuse que celle qui existe maintenant;
nous demandons que le jugement fasse mention
des communes où le débiteur peut être inscrit
au rôle de la contribution foncière. Cette mention, dont le créancier pourrait facilement se
procurer la matière au bureau du domicile du
défendeur, serait destinée à rendre facile et
prompt l'envoi de l'extrait du jugement au bureau de la situation des biens, lorsque la condamnation ne recevrait pas la formalité de l'enregistrement dans le ressort même de ce bureau.

A défaut de cette mention, que le demandeur

devrait réquérir, en joignant aux pièces de procédure un certificat délivré par le conservateur du lieu où le défendeur aurait son domicile, l'hypothèque ne serait pas publiée et ne produirait pas d'effet.

Mais une autre difficulté : aux termes de l'art. 2123 du Code civil, l'hypothèque judiciaire s'exerce à la fois sur les immeubles actuels du débiteur et sur ceux qu'il pourra acquérir. Que faire à l'égard de ces biens futurs ?

Si notre opinion avait assez de poids pour prévaloir, nous rentrerions dans les termes de l'art. 4 de la loi du 11 brumaire an vii, et l'hypothèque judiciaire n'affecterait que les immeubles appartenant au débiteur à l'époque du jugement de condamnation ; par là nous préviendrions les difficultés et les inconvénients que le législateur de l'an vii, dans la sagesse de ses prévisions, avait voulu éviter.

Mais si l'on voulait conserver à l'hypothèque judiciaire le fâcheux privilége de frapper les biens à venir, en opposition si manifeste avec le principe sage et vivifiant de publicité, le créancier devrait veiller à ses propres intérêts.

Lorsqu'il aurait découvert des acquisitions, ce qu'il pourrait faire en consultant de temps en temps les registres ouverts au bureau du domicile, il présenterait l'expédition du jugement, soit à ce conservateur, soit, s'il le préférait, à celui de la situation des biens. Ce conservateur ferait pour ordre un nouvel enrégistrement de cette acquisition, et après en avoir formulé l'extrait, l'hypothèque serait mentionnée au répertoire, et cesserait d'être invisible. Mais elle ne prendrait rang qu'à partir de ce dernier enregistrement, afin de ne pas contrarier l'esprit de notre nouveau système, qui ne veut pas qu'une hypothèque puisse avoir d'effet antérieur à sa publication.

Le créancier n'a pas aujourd'hui de meilleur expédient pour conserver son hypothèque judiciaire sur les acquisitions faites ultérieurement dans un arrondissement étranger au bureau où l'inscription de cette hypothèque a eu lieu dans le principe, à moins de requérir inscription sur tous les registres hypothécaires du royaume, dans la prévoyance d'une acquisition sur un territoire; ce qui raisonnablement ne peut se faire.

Ce créancier, dans l'ordre actuel des choses, ne saurait apprendre, par aucun signe permanent et public, si son débiteur a fait des acquisitions de biens immeubles. Nous avons dit et démontré qu'en s'adressant au bureau du domicile de ce dernier, il serait parfaitement éclairé sur l'état présent de sa fortune immobilière. Voilà donc une amélioration palpable, parmi beaucoup d'autres plus importantes que présente notre nouveau système.

Peut-être nous demandera-t-on pourquoi l'on ne suivrait pas, pour les hypothèques judiciaires, la marche proposée pour les hypothèques légales, et qui consisterait à faire au moment de l'enregistrement du titre constitutif de la créance, écriture de l'hypothèque, d'abord au bureau du domicile, puis ensuite, par des feuilles de renvoi, à celui ou à ceux de la situation, à mesure que des titres d'acquisition parviendraient à la connaissance de ce premier bureau?

Nous répondons que beaucoup de condamnations, en matière commerciale surtout, sont rendues contre des gens qui ne possèdent pas d'immeubles, et qui probablement n'en acquerront jamais; que la plupart des formalités qui, à leur égard, se rempliraient au bureau du domicile, n'auraient pas d'objet; et que s'il fallait que les conservateurs ne cessassent de veiller sur les acquisitions que ces débiteurs judiciaires pourraient faire ultérieurement, ce serait trop exiger d'agents exposés à des poursuites en garantie pour les omissions qu'ils pourraient faire.

Ces créanciers, d'ailleurs, sont en général versés dans les affaires, et peuvent pourvoir eux-mêmes aux formalités conservatoires qui les intéressent, tandis que les femmes et les mineurs, étrangers à la pratique du droit, et d'ailleurs incapables d'agir, ont besoin que l'administration veille pour eux.

Nous ne terminerons pas ce paragraphe sans proposer une innovation grave, que nous voudrions voir accueillir, parce qu'elle nous semble conforme à la saine raison et commandée par l'intérêt général, qui est, selon nous, le plus puissant de tous les intérêts. Mais nous avons lieu de craindre que cette proposition n'échoue devant des résistances difficiles à vaincre, pour ne pas dire impossibles.

Oserait-on essayer d'affaiblir, quelque légèrement que ce fût, le poids des arrêts de la justice? Ce serait de la témérité. Quoi qu'il en soit, nous prendrons la liberté de livrer notre opinion à l'examen et au jugement des hommes éclairés, véritablement amis du progrès. Lorsqu'il s'agit du bien public, on doit avoir le droit de dire toute sa pensée, puis l'espoir d'être écouté et jugé sans prévention.

L'hypothèque générale, nous l'avons déjà dit, est mêlée d'inconvénients immenses : elle affecte gravement le crédit du débiteur, quelle que puisse être la modicité de cette hypothèque comparativement à la valeur de ses biens, parce qu'on a lieu de craindre qu'elle ne vienne fondre précisément sur l'immeuble qui serait affecté plus tard à la garantie spéciale d'un prêt conventionnel.

Pour parer à cet inconvénient et accorder au débiteur malheureux, mais de bonne foi, les ménagements conciliables avec la protection due au créancier, nous voudrions que les juges, appréciant les circonstances, eussent la faculté de spécialiser l'hypothèque, par le jugement même, à tel ou tel immeuble qui, d'après le certificat du conservateur, présenterait un revenu imposable suffisant pour la sûreté de la créance. Le mode de peréquation expliqué au chapitre de la contribution foncière une fois réalisé, il serait facile au tribunal de supputer la valeur vénale de l'immeuble par son revenu imposable mis en rapport avec cette valeur qui en serait la base, comme on l'a vu au chapitre cité.

Nous voudrions de plus qu'il fût prescrit aux juges de refuser toute hypothèque, même *sur les biens présents*, lorsqu'il résulterait du certificat du conservateur que la valeur de ces biens est déjà absorbée par de légitimes hypoques, auxquelles, si nous comprenons bien les règles de l'équité, il ne doit être permis à personne de porter préjudice; car l'hypothèque est une sorte d'aliénation au profit du créancier, et nuire à son droit sans son consentement et à son insu, par des faits ultérieurs, c'est une atteinte que la loi doit empêcher autant que possible, si l'on veut que la loi soit conforme aux prescriptions de la justice.

Si l'on prétendait que les hypothèques précédemment inscrites sont éteintes ou ne sont pas sérieuses, les créanciers inscriptionnaires pourraient être appelés et entendus, de manière que les juges pussent prononcer en parfaite connaissance de cause.

Il ne faut pas se le dissimuler, une inscription de plus ou de moins sur les biens du débiteur n'est pas sans influence sur le sort des créances inscrites antérieurement; un exemple fera mieux comprendre cette proposition, et cet exemple se présente tous les jours dans la pratique.

B... n'a pour tout bien qu'une maison et quelques ares de terre valant 1,500 fr.; ce tout est grevé d'hypothèque jusqu'à concurrence de cette somme. Des accidents, des malheurs, ont mis B... dans l'impuissance de payer quelques dettes chirographaires, qui l'exposent aux poursuites de quatre ou cinq créanciers : ces créanciers obtiennent contre lui des condamnations, montant à la faible somme de 200 fr.; ils font inscrire leur hypothèque judiciaire. Dans cette position, B... vend ses immeubles moyennant 1,500 fr. Ce prix ne le libérera pas envers tous ses créanciers; mais il espère qu'à force de travail, ses bras lui procureront de quoi solder le surplus. Vain espoir! l'acquéreur a fait transcrire son contrat; il ne peut pas payer sans purger les hypothèques. Les derniers créanciers, ceux qui sont venus en vertu des jugements énoncés plus haut, ne veulent pas, mal conseillés qu'ils sont, se prêter à un ordre amiable, qui pourrait couvrir intégralement les premières inscriptions. On procède alors à un ordre judiciaire; deux ans au moins s'écoulent avant la clôture définitive, et au bout de ce temps, il reste à peine 7 à 800 fr. de libres; les frais ont dévoré le surplus. Non-seulement les derniers créanciers ne sont pas payés, mais le premier même ne reçoit qu'une partie de sa créance (1).

B..., qui se croyait près de sa libération, reste sous le coup d'une dette de plus de 1,000 fr., que ses sœurs, quoi qu'il fasse, ne pourront jamais éteindre. Le découragement s'empare de lui : ne pouvant désormais améliorer sa condition, il se contente de vivre au jour le jour; et c'est autant de perdu pour la société, nous dirons même pour les mœurs, car trop souvent l'immoralité vient s'asseoir au foyer de la misère.

La plupart des procès-verbaux d'ordre que renferment les greffes roulent sur des prix de vente de 1,000 à 1,500 fr. au plus, et ce recours à l'autorité judiciaire pour la distribution de ces faibles prix est le résultat d'hypothèques fondées sur des jugements rendus à l'occasion de modiques sommes, qui presque jamais ne viennent en ordre utile.

Ces hypothèques, en effet, ne sauraient être conventionnelles; car évidemment le propriétaire d'immeubles dont la valeur n'excède pas 1,500 fr. ne pourrait pas faire deux emprunts sur un aussi faible gage, quelque mince que pût être le premier emprunt; c'est déjà beaucoup de pouvoir en réaliser un seul, quand on songe

---

(1) Cela m'est arrivé deux fois.

aux frais qu'entraînerait l'expropriation forcée, s'il fallait recourir à cette voie ruineuse.

En présence de ce triste et incontestable résultat, ne serait-il pas raisonnable et juste pour tous, aussi bien pour le débiteur que pour les créanciers déjà inscrits, que la condamnation judiciaire ne pût, d'après une disposition expresse du jugement, porter sur des biens déjà grevés jusqu'à concurrence de leur valeur?

Consultons nos souvenirs ; ils nous diront que souvent des débiteurs de mauvaise foi se sont fait poursuivre pour d'insignifiantes dettes chirographaires, ou bien ont passé des jugements d'expédient dans l'unique dessein de grossir le nombre des inscriptions hypothécaires, et d'effrayer leurs créanciers par la perspective de frais capables d'absorber la valeur du gage, en cas d'expropriation forcée pour réaliser cette valeur, et d'un ordre judiciaire pour en distribuer le montant.

Eh bien! est-il conforme à la saine raison, est-il équitable qu'on puisse ainsi annuler des droits solennellement acquis, et faire passer dans les mains d'huissiers et d'avoués la chose qui appartient légitimement à autrui ? Est-il possible qu'en présence d'actions de ce genre si facilement praticables, qu'en présence de la possibilité de ces légères condamnations , même de bon aloi , qui tombent chaque jour sur le propriétaire, déjà hypothécairement endetté , la petite propriété, qui embrasse à présent la moitié du sol, puisse recourir au prêt hypothécaire dans ses instants de gêne? Et quel pourrait être, avec ces chances de perte , le capitaliste disposé à prêter même la plus légère somme à l'un ou à l'autre des nombreux propriétaires qui ne peuvent offrir au plus qu'un gage de 1,000 à 2,000 fr. ?

Nous sommes profondément convaincu qu'un article de loi conforme à la proposition que nous venons d'énoncer, accroîtrait considérablement le crédit et la valeur de la propriété foncière. Conserver intactes des garanties solennellement accordées , ne pas permettre qu'elles soient anéanties par des faits postérieurs, comme ceux qui viennent d'être cités , ce serait offrir à la petite propriété un secours dont elle a besoin et qu'elle réclame à juste titre , sans nuire à ces modiques créances chirographaires, qui , en général, ne trouvent dans l'hypothèque qu'elles se procurent par la voie judiciaire, qu'une occasion de frais en pure perte , si ce n'est pour les officiers ministériels par lesquels ils se font.

Si cette proposition, éminemment propre à diminuer la plaie des ordres judiciaires que nous déplorons chaque jour, et qui est le plus grand ennemi du prêt hypothécaire, ne paraissait pas susceptible d'être admise, au moins serait-il juste d'introduire dans la loi une disposition qui mît tous les frais de l'ordre à la charge des créanciers qui, ayant refusé la main-levée de leurs inscriptions, sur la demande extrajudiciaire qui leur en aurait été faite, appuyée du certificat du conservateur des hypothèques, ne viendraient pas en rang utile dans le procès-verbal d'ordre judiciaire que leur refus aurait occasionné.

Nous revenons à la publication de l'hypothèque judiciaire.

Lorsqu'il y aurait lieu à inscription, le soin de rédiger l'extrait du dispositif du jugement destiné à rester au bureau à l'appui de l'hypothèque, appartiendrait soit à l'avoué, soit au greffier. Le receveur n'admettrait pas de jugement à la formalité, sans exiger la remise de l'extrait dont il s'agit.

§ VI. Conservation des hypothèques conventionnelles.

La publication de ces hypothèques serait exempte de difficulté : un extrait dans la forme déjà expliquée accompagnerait la remise du titre obligatoire au bureau de l'enregistrement, et le receveur-conservateur en ferait l'usage exprimé dans les paragraphes qui précèdent, notamment dans celui qui est relatif à la conservation du privilége du vendeur.

§ VII. Durée de la formalité hypothécaire.

L'art. 2154 du Code civil fait cesser l'effet de l'inscription hypothécaire, si elle n'est renouvelée avant l'expiration des dix années qui suivent sa date.

Il paraît qu'on a puisé le motif de cette disposition dans la difficulté de la recherche ; on a craint qu'en donnant à l'hypothèque la durée de l'action attachée au titre, le conservateur ne pût se retrouver dans la foule de registres qu'il aurait à compulser pour chaque délivrance de certificat d'inscription.

Ce motif n'est pas fondé ; on voit que le législateur ignorait complétement le mécanisme de la recherche : car du moment que le répertoire, complété par une table alphabétique, rappelle pour chaque grevé le numéro des inscriptions qui le concernent, il n'est pas plus difficile de trouver une inscription dans

100 registres que dans 10, que dans un seul.

La durée matérielle des registres, qui ne pourrait résister à un maniement perpétuel, exige seul un renouvellement ; mais il n'est pas nécessaire d'y procéder tous les dix ans : c'est fort inutilement multiplier les écritures, augmenter les chances de nullité, accroître les frais, et mettre en péril les intérêts des créanciers qui perdent de vue l'obligation de renouveler leur inscription, ou qui chargent de ce soin des mandataires inexacts qui laissent passer le terme fatal. Les recueils de jurisprudence nous donnent mille exemples de contestations provenant de l'exigence légale de cet inutile renouvellement.

Nous proposons donc de limiter à trente ans la prescription de la publication de l'hypothèque : cette mesure ne saurait entraîner le moindre inconvénient, tandis qu'une foule de résultats avantageux en seraient la suite.

Avant l'expiration de ce délai, le créancier présenterait de nouveau à l'enregistrement l'expédition de son titre, appuyée d'un nouvel extrait où l'on mentionnerait l'acte extrajudiciaire ou autre qui aurait interrompu la prescription. Cette expédition serait enregistrée pour ordre sur le registre de formalité à la date courante; on ferait ensuite sur le répertoire les reports nécessaires.

S'il était passé titre nouvel de la créance, c'est à ce titre que serait joint l'extrait en question ; dans ce cas, il serait rédigé par le notaire rédacteur du titre nouvel.

Quant à l'hypothèque légale, la prescription ne courrait qu'à partir du décès du mari, et pour le mineur qu'à dater de sa majorité, sans préjudice, bien entendu, des circonstances par lesquelles la propriété se prescrit.

CHAPITRE X.

CESSION DES CRÉANCES HYPOTHÉCAIRES ET SUBROGATION DANS L'HYPOTHÈQUE.

CESSION.

Nous avons démontré que dans l'organisation actuelle de notre système d'hypothèques, les emprunts sur immeubles produisaient par l'exagération des honoraires, des frais et des droits de toute espèce, les résultats désastreux de l'usure. Nous avons dit aussi qu'il fallait être nécessairement pressé par le besoin pour recourir à ce ruineux expédient ; qu'en effet, il était prouvé par le répertoire des inscriptions de créances, que la très-grande partie des emprunts n'avaient pour but que de remplir d'anciens engagements, et de retarder ainsi une expropriation inévitable, volontaire ou forcée.

Cette situation trop déplorable de la propriété, situation que les capitalistes n'ignorent pas, éclairés qu'ils sont par l'expérience, ne saurait les disposer à venir par leurs capitaux au secours des propriétaires. Ils en sont d'autant plus éloignés, que presque jamais les emprunteurs ne sont en mesure de se libérer à l'échéance du terme fixé pour le remboursement; et que s'ils étaient obligés, pour rentrer dans leurs capitaux, d'en faire le transport ou la cession, ils devraient supporter eux-mêmes un sacrifice considérable; car alors se renouvelleraient nécessairement les honoraires, les frais et les droits de l'emprunt: il n'en coûte pas moins, en effet, pour un acte de cession que pour un acte de prêt; on a même à payer de plus le coût de la signification du transport au débiteur.

Les conséquences de ce cortége de formalités, de dangers et de frais, ne peuvent que décider les capitalistes à confier leurs fonds au grand livre de la dette publique ou à des banquiers, parce que de cette manière, s'ils courent des chances de perte, dont les imperfections de notre code hypothécaire ne les exempteraient pas non plus, ils ont au moins le pouvoir de rentrer dans leurs capitaux à leur gré.

Ainsi se dessèchent, très-souvent au profit d'un scandaleux agiotage, les canaux qui devraient alimenter et faire fructifier l'agriculture.

Nous sommes intimement persuadé que les combinaisons hypothécaires que nous avons déroulées dans cet ouvrage mettraient obstacle aux manœuvres de la mauvaise foi, et rendraient ainsi au crédit de la propriété foncière la confiance qu'elle a droit d'inspirer. Mais cette restauration, quelque belle et féconde qu'elle pût être, ne suffirait pas encore pour rappeler le numéraire dans les voies agricoles avec l'énergie et la puissance qu'exige la réalisation des progrès que nous sommes en droit d'attendre de l'intelligence de nos cultivateurs et des avantages de notre climat. On continuerait longtemps encore à faire des placements à courte échéance. La confiance renaîtrait lentement, et de longues années s'écouleraient avant que les propriétaires se décidassent à faire exclusivement des emprunts dans des vues d'amélioration agricole. Ils s'effrayeraient avec raison de la nécessité dispendieuse de faire un nouvel emprunt , si au jour du remboursement leurs propres moyens pécuniaires étaient insuffisants.

Il nous a donc paru nécessaire, pour compléter notre œuvre hypothécaire et lui faire produire les résultats les plus profitables, d'y ajouter un mode de transmission des créances , tel que les capitalistes, assurés de trouver des acheteurs nombreux lorsqu'ils voudraient réaliser leurs créances, fussent toujours disposés à offrir aux emprunteurs de très-longs délais, pendant lesquels ces derniers pourraient accumuler les fruits de leurs travaux , et se libérer avec ces épargnes au terme fixé.

Ce mode de transmission serait analogue à celui du transport de rentes sur l'État, c'est-à-dire exempts de formalités dispendieuses. Ces transmissions cesseraient d'alimenter, comme aujourd'hui, la bourse des officiers ministériels et les caisses de l'enregistrement dans une proportion évidemment hostile aux intérêts de la culture.

Les effets commerciaux jouissent déjà des avantages d'une transmission simple, facile et à l'abri de frais. Il serait souverainement injuste que le mouvement des créances hypothécaires, qui se lie si étroitement à la principale richesse du pays, à l'agriculture, qui est la source de toutes les industries, qui donne du travail à des millions de bras, qui alimente le trésor plus qu'aucun autre impôt, restât seul privé de ces avantages, et ne pût s'opérer qu'à l'aide d'une multitude de formalités entravantes et ruineuses.

Nous ne voulons point aller au devant des objections; nous nous bornerons à dire pour le moment que les obstacles qui pourraient venir du côté des officiers publics ou du trésor ne seraient nullement raisonnables : les pertes ou les sacrifices dont ils croiraient devoir se plaindre n'auraient, en effet, que la simple apparence de fondement, et non la réalité; car la circulation du numéraire, devenue plus facile et plus rapide par notre nouveau mode de transmission, serait une mine féconde de progrès agricoles, qui dédommageraient amplement les notaires et le fisc par l'accroissement rapide de la richesse publique et par la multiplication incontestable des transactions civiles.

Nous présumons aussi que notre grand livre de la dette territoriale, organisé comme nous l'expliquerons tout à l'heure, ne porterait pas ombrage au grand livre de la dette publique, avec lequel pourtant il lutterait bientôt par le nombre et l'importance des affaires ; car le roulement de la dette hypothécaire s'élèverait bien certainement à trois milliards et peut-être plus par année, et cela sans agiotage possible, parce que de ce côté il ne saurait y avoir d'achat fictif.

Le Gouvernement et les spéculateurs de la bourse sont trop éclairés pour ne pas comprendre que dans la richesse du pays se trouve la solidité du crédit public, et que plus le paiement des impôts sera garanti par la fortune et le bien-être des contribuables, plus les opérations du grand livre de l'Etat seront nombreuses et faciles.

Les combinaisons que nous allons expliquer donneraient non-seulement aux emprunteurs la certitude d'obtenir pour le remboursement tout le délai qu'ils pourraient désirer, mais donneraient de plus aux propriétaires qui voudraient ou qui seraient obligés de s'exproprier, la possibilité d'accorder, au moyen de la facilité de la cession, de très-longs termes pour le paiement du prix, et par conséquent de vendre à un taux beaucoup plus avantageux, en raison de la concurrence plus nombreuse des acheteurs, concurrence qui serait d'autant plus grande et plus profitable, que les biens à vendre seraient morcelés.

La classe des petits propriétaires, actuellement si nombreuse, n'a pas besoin de beaucoup de numéraire pour acquérir ; il suffit pour cela qu'elle ait dans ses mains de quoi payer les frais du contrat, et qu'on lui donne du temps pour acquitter le reste. Ces laborieux travailleurs savent tripler leurs forces quand ils remuent la terre qui leur appartient, et ils parviennent, en moins de temps qu'on ne se l'imagine, par leurs bras et par leur esprit d'ordre et d'économie, à faire honneur à leurs engagements.

Cela explique comment il arrive que le propriétaire qui fait cultiver ses champs par ds hommes à ses gages, tire à peine 3 ou 4 0/0 de son capital, tandis que l'homme qui défonce et travaille lui-même le terrain qu'il vient d'acheter, parvient à en payer le prix et l'intérêt, sans autre secours que l'emploi de ses outils et l'activité de sa famille. C'est que le produit du sol est en raison du travail, et que l'ouvrier dont la journée se paie avec un peu d'argent la fait moins longue et moins active que la journée qu'il emploie à féconder son propre champ ; c'est que tous les bras de la famille, qui seraient inoccupés sans cela, viennent, si jeunes et si faibles qu'ils soient, apporter leur léger tribut sur le sol paternel ; c'est qu'il y a des jours de repos pour les gens à gages, et qu'il n'y en a presque pas pour la plupart de ceux qui ont sous la main quelques parcelles de terre à améliorer.

Parcourons les contrées de petite culture ; nous n'y verrons pas un coin de terre inoccupé, point de buissons d'épines, point de plantes parasites ; tout bien cultivé, bien planté, en parfait rapport. Demandons quelle est, dans ces localités, la valeur vénale d'un hectare de terre, puis comparons cette valeur avec celle du sol dans les lieux de grande culture, et cela à qualité égale, et nous reconnaîtrons que le prix en est double dans les contrées où la propriété est le plus divisée ; nous remarquerons en outre que la population y est généralement plus nombreuse, mieux nourrie et plus belle.

Cet accroissement de richesse ne manquerait pas de s'étendre encore, et de se manifester bientôt sur tous les points de la France, si le mouvement de la dette territoriale pouvait s'opérer aussi facilement et dans des conditions aussi favorables que celui de la dette inscrite sur le grand livre de l'État.

Bientôt aussi les millions d'impôts de toute nature qui pèsent aujourd'hui si lourdement sur la propriété immobilière, deviendraient légers, et le Gouvernement ne serait pas embarrassé, dans les circonstances critiques qui pourraient toucher à l'honneur ou à l'indépendance du pays, de trouver en elle les moyens de montrer la force et la puissance de la nation.

Voici, en peu de mots, quel serait dans notre système le mode de transmission des créances dont il s'agit :

1° Les créances inscrites sur les livres hypothécaires pourraient être transportées, *mais à prix d'argent seulement*, par un simple endossement placé sur l'expédition du titre obligatoire, ou sur la minute de ce titre, lorsqu'elle aurait été délivrée en brevet.

2° Cet endossement exprimerait les noms, prénoms, professions et domiciles des cédants ; ceux des cessionnaires, le prix du transport, les stipulations concernant la garantie, lorsque les parties voudraient, à cet égard, sortir du droit commun ; enfin, le lieu et la date du transport.

3° Cet endossement, sous seing privé, serait fait en présence du conservateur des hypothèques du bureau où la créance serait inscrite.

Si les parties ne savaient pas écrire, l'endossement serait fait par le conservateur des hypothèques sur la déclaration des parties qu'elles ne savent écrire ni signer; sa signature ferait foi du transport. Si le conservateur ne connaissait pas le cédant, il serait tenu de faire constater son identité par deux témoins.

4° Mention du transport serait faite immédiatement, tant sur le registre de dépôt ouvert en exécution de l'art. 2200 du Code civil, qu'en marge de l'inscription de la créance. Cette mention serait relatée sur l'expédition du titre ou sur la minute délivrée en brevet, et signée du conservateur, qui apposerait en outre le sceau de la conservation.

5° Le cessionnaire serait saisi à l'égard des tiers, par l'accomplissement de cette mention, sans qu'il fût besoin de signification au débiteur; le débiteur ne serait pas valablement libéré, s'il payait le cédant postérieurement à l'énonciation du nouveau créancier sur les livres de la conservation des hypothèques.

6° Ce transport jouirait de l'exemption de la formalité de l'enregistrement, comme les endossements de billets à ordre, de lettres de change, et comme les transports de rentes sur l'État.

Il n'occasionnerait pour tous frais que le salaire du conservateur sur le pied du tarif en vigueur.

7° Les dispositions actuelles du chapitre 8 du Code civil resteraient applicables aux transports que les créanciers jugeraient à propos de faire sous une forme différente.

Toutefois il serait loisible aux parties intéressées de faire le transport, par voie de simple endossement, devant un notaire; cet endossement jouirait des mêmes avantages que l'endossement fait en présence du conservateur : mais en aucun cas le transport ne produirait d'effet, à l'égard des tiers et des débiteurs, qu'à dater du jour de sa mention sur les livres hypothécaires.

On voit que, par ce mode, les registres hypothécaires deviendraient, comme nous l'avons dit, une sorte de grand livre de la dette territoriale, jouissant à peu près des mêmes avantages que le grand livre de la dette publique.

Le conservateur des hypothèques tiendrait registre des demandes et des offres, et, comme les agents de change, il servirait d'intermédiaire entre les porteurs de titres et ceux qui seraient disposés à acquérir ces créances.

Ce mode établi, des opérations en matière

de créances sur hypothèques ne tarderaient pas à développer l'esprit de banque hypothécaire chez de nombreux capitalistes ; ces opérations deviendraient incessamment l'occasion d'un crédit plus étendu, par le frottement des intérêts, par la connaissance plus réelle des moyens de chacun, par la confiance qui s'attacherait à l'exactitude dans les engagements ; et un jour ne serait pas éloigné où nous verrions en France se développer toutes les merveilles de l'industrie agricole.

On a depuis longtemps, et avec raison, préconisé l'établissement de banques agricoles ; il nous semble qu'il ne saurait y avoir de meilleur moyen, pour satisfaire à cet égard le vœu public, que ce mode de transport, précédé des améliorations hypothécaires dont nous avons tracé le plan.

La facilité d'emprunter à des conditions favorables, et pour un temps presque illimité, exciterait chez le cultivateur-propriétaire le goût de la culture perfectionnée. Le service exact des intérêts serait garanti par des profits certains : la terre paie largement le loyer des capitaux employés à son amélioration. Attiré par cette exactitude dans le paiement annuel, et par la sûreté du placement sur immeubles, qui serait ainsi préféré de beaucoup au placement chez le banquier ou sur l'État, par ceux qui craignent les faillites de la banque et les dangereuses oscillations de la bourse, le capitaliste apporterait à la propriété une grande abondance de numéraire; et ce secours, loin de mobiliser les immeubles, comme le ferait l'emploi des cédules hypothécaires dont on a voulu faire l'essai à une époque déjà ancienne, fortifierait au contraire le goût de la propriété, et la consoliderait de plus en plus dans les mains du propriétaire. Celui-ci, par son activité et son industrie, avantageusement appuyées d'un crédit qui ne lui manquerait plus, parviendrait infailliblement à se libérer et à prévenir ainsi la nécessité de l'expropriation.

La mention du transport des créances sur les livres hypothécaires dispenserait de la signification prescrite aujourd'hui par l'art. 1690 du Code civil ; ce serait pour les tiers un avertissement préférable, car elle aurait une date complétement certaine, au moyen de son insertion *dans un livre d'ordre arrêté chaque jour*, tandis que la signification peut être antidatée, par un concert frauduleux, de tout le temps accordé par la loi pour l'enregistrement des actes d'huissier. Cette signification n'est livrée à la connaissance des tiers par aucun signe extérieur ; elle est seulement connue des cédants et du cessionnaire, bien différente de la mention qui serait faite au bureau des hypothèques, laquelle aurait un caractère public qui la révélerait à tous les intéressés. La signification est très-onéreuse, au point de doubler quelquefois l'intérêt de la créance; car il se fait en France, année commune, plus de 300 mille prêts hypothécaires au dessous de 500 fr. : c'est, avec les frais et droits du transport, un sacrifice désastreux, tandis que le tout, suivant le nouveau système, ne coûterait qu'un faible salaire.

Il n'y aurait pas besoin non plus de signification pour avertir le débiteur; le nouveau créancier ne manquerait pas de l'informer du transport. Cet avertissement, il est vrai, n'aurait pas de caractère légal; mais comme le débiteur pourrait, avant de payer les intérêts ou le capital, exiger la représentation du titre obligatoire, où serait écrit le nom de l'ayant-droit, nom qu'il apprendrait également par le registre des hypothèques, en prenant la peine de le consulter, il ne saurait prétendre cause d'ignorance; on pourrait donc, sans inconvénient, frapper de nullité le paiement qu'il aurait fait par imprudence au créancier antérieur.

SUBROGATION.

On procéderait, pour la subrogation dans l'hypothèque, comme on le fait actuellement, avec cette différence, que l'extrait de l'acte subrogatoire, qui aujourd'hui se remet au conservateur des hypothèques par la partie intéressée, lorsqu'elle le juge à propos, devrait être joint à la minute, et présenté avec elle par le notaire au receveur-conservateur, dans le délai fixé pour l'enregistrement des actes notariés.

Cet agent ferait immédiatement écriture de la subrogation sur l'extrait de l'acte obligatoire, remis dans le principe au bureau, pour valoir inscription de la créance. Il ferait également les apostilles prescrites par les règlements sur le répertoire des faits hypothécaires.

———

CHAPITRE XI.

RADIATION ET RÉDUCTION DES HYPOTHÈQUES.

La radiation ou la réduction volontaire ne serait jamais un objet de difficulté ; elle s'opérerait sur les livres et sur les pièces de la conservation, à mesure de l'enregistrement de l'acte portant extinction ou modification de l'hypothèque ; à cet acte serait joint un extrait authentique de ses dispositions, destiné à rester au bureau, pour au besoin servir de justification et de preuve.

La minute ne serait pas admise à l'enregistrement, si cet extrait ne l'accompagnait pas ; en cas de nécessité de renvoi à un autre bureau, on suivrait la marche ordinaire.

Par cette méthode, toutes les radiations seraient opérées, au lieu qu'aujourd'hui beaucoup de main-levées restent dans les cartons des notaires, qui laissent ainsi à la prescription décennale le soin d'éteindre l'inscription : c'est un moyen, il est vrai, plus économique que la radiation, mais aussi moins satisfaisant pour le débiteur, dont le crédit se trouve affecté par une inscription qui, toute anéantie qu'elle soit en réalité, n'en a pas moins l'apparence d'appuyer une dette encore existante.

Cette marche toutefois ne saurait être suivie pour les radiations ou réductions ordonnées par autorité de justice, puisqu'il faudrait avant tout que le jugement eût acquis la force de chose jugée ; effet qui souvent n'existe pas encore quand le jugement est remis au bureau pour être enregistré.

Dans ce cas, il faudrait nécessairement que

les parties prissent le soin de requérir elles-mêmes la radiation ou la réduction ; elles resteraient à cet égard dans la position où les place le régime actuel. Au surplus, les radiations judiciaires sont généralement peu nombreuses, et elles le deviendraient moins encore, lorsque le régime hypothécaire serait parvenu au degré de perfection qui est le but de cet ouvrage.

CHAPITRE XII.

MODE DE PURGER LES PRIVILÉGES ET HYPOTHÈQUES.

Nous avons proposé de substituer la formalité de l'enregistrement à l'inscription aujourd'hui nécessaire pour conserver les priviléges et hypothèques.

Nous aurons recours au même expédient pour remplacer la transcription des actes de mutation et des procès-verbaux de saisie immobilière.

Jamais conception n'a été moins heureuse que le *mode actuel* de transcription, pour donner aux tiers les avertissements que peuvent réclamer leurs intérêts (1).

---

(1) Sous l'empire de la loi du 11 brumaire an VII, cette formalité pouvait se comprendre ; elle avait un but, la consolidation de la propriété.

La formalité de la transcription, comme nous l'avons dit en parlant du stellionat, ne saurait mettre empêchement à ce délit, du moment qu'une vente non transcrite, et par conséquent ignorée des tiers, peut néanmoins être opposée à un second acquéreur, ou à un créancier auquel on a donné pour gage l'immeuble déjà vendu.

Ce ne peut être non plus pour le créancier qui a négligé de faire inscrire son hypothèque un avertissement capable d'éveiller son attention, et de lui faire réparer cet oubli avant l'expiration de la quinzaine qui suit la transcription ; il faudrait donc, pour que la transcription tînt lieu d'avertissement, que le créancier eût soin de compulser les livres du conservateur de quinzaine en quinzaine. Eh bien ! l'expérience est là pour dire que cela ne se fait pas, et pour donner la preuve qu'en somme la transcription n'est qu'une formalité matérielle dont le principal résultat est de remplir de nombreux registres, de consommer une masse de papier timbré, et de multiplier les retards dans l'exécution des contrats.

Une preuve de l'inutilité de cette conception malheureuse, c'est que le registre de transcription n'est presque jamais consulté par les tiers.

Nous pouvons, à cet égard, invoquer le témoignage des conservateurs, et dire, sans craindre un démenti, que, terme moyen, ce registre n'est pas compulsé deux fois l'an dans chaque bureau par qui que ce soit. Nous pouvons même ajouter que des conservateurs, voyant que jamais on ne leur demandait de certificat de transcription, se sont dispensés de tenir régulièrement les écritures d'ordre destinées à cette nature de recherche. Et, en effet, il est assez naturel de négliger un travail reconnu inutile dans la pratique, quand on a d'un autre côté mille occupations indispensables et pressantes.

Il y a en outre d'assez bonnes raisons pour éloigner les tiers de cette voie de publicité, dont le seul inconvénient n'est pas d'être incomplète : c'est que souvent le bureau est placé loin de la résidence des tiers intéressés, et que, d'une autre part, le conservateur ne répondrait à leur requête que par la copie grossoyée de la transcription, s'il y en avait une. Tels sont ses ordres conformes à ses intérêts et à celui du trésor, car plus la copie est grosse, plus elle donne de salaire et de droit de timbre ! Or comme, dans beaucoup de cas, une semblable pièce deviendrait très-dispendieuse, on aime mieux s'en rapporter à la bonne foi des gens :

et si malheureusement on est trompé, c'est un fâcheux échec pour les spéculations immobilières ; car non-seulement on fuit le piége où l'on a été pris une fois, mais on conseille aux autres de ne pas se confier eux-mêmes à un système qui renferme de pareilles embûches ; et c'est ainsi que s'éloignent de la culture les capitaux sans lesquels elle ne peut faire de progrès.

La transcription est de plus un lacet dans lequel maints créanciers se sont engagés. Cette formalité, en effet, est le point de départ de la prescription de l'hypothèque au profit du nouveau possesseur. Nous supposons, chose qu'on a vue plus d'une fois, que le créancier d'une rente perpétuelle ou viagère ignore la vente de son gage et la transcription de ce contrat, et que, pour ne point éveiller son attention, les intérêts lui soient régulièrement servis au nom du vendeur pendant le temps nécessaire pour prescrire, c'est-à-dire pendant 10 ans ; n'est-il pas vrai qu'au bout de ce temps, l'immeuble affecté à la garantie de la créance sera déchargé de cette hypothèque, et qu'on pourra impunément cesser le service de la rente, à moins que le créancier, chose souvent difficile, ne soit en état de démontrer la mauvaise foi du tiers détenteur ?

D'autres inconvénients naissent encore de cette malencontreuse formalité : c'est d'ajourner le paiement des sommes qui ne doivent être payées qu'après la purge des hypothèques. La nécessité d'une transcription littérale multiplie les écritures, et occasionne nécessairement des lenteurs lorsque des contrats d'une certaine étendue sont à la fois présentés au bureau ; à ce point que souvent plus de deux mois s'écoulent avant que les notifications pour la purge puissent être commencées.

Cette perte de temps, dont les effets ne sont bien sentis que par ceux qui attendent un secours pécuniaire, ou sont pressés d'en finir avec des créanciers persécuteurs, ralentit la circulation du numéraire, et par là fait à l'industrie un tort considérable.

Le système que nous proposons ferait disparaître ces nombreux inconvénients ; la formalité de l'enregistrement ferait produire à tous les contrats les effets attachés aujourd'hui à la transcription hypothécaire. Aucune mutation ne resterait dans l'ombre ; toutes, au contraire, seraient immédiatement exposées au grand jour, sans démarches et sans frais pour les nouveaux possesseurs ; au lieu que maintenant la plupart d'entre eux, au risque de payer deux fois, s'abstiennent de faire transcrire, effrayés qu'ils sont de la dépense que cette formalité entraîne, et que ne comporte pas la modicité d'une foule de mutations. Nous avons dit ailleurs une chose qui prouve parfaitement notre assertion, c'est que le gouvernement lui-même s'est longtemps dispensé de la transcription, dans les acquisitions qu'il a faites pour son propre compte, lorsque le prix n'excédait pas la somme de 100 fr.

Cette abstention est poussée si loin, que presque jamais les donations faites en vertu des art. 1075 et 1076 du Code civil ne sont transcrites, quoique, sans cette formalité, ces donations, devenues si nombreuses depuis que la loi du 16 juin 1824 a modéré le droit d'enregistrement qui les concerne, ne puissent être valablement opposées au tiers. Et combien de créanciers ou de tiers acquéreurs, qui ont eu l'imprudence de traiter avec les donataires, pourraient être dépouillés par la volonté des donateurs, qui, à défaut de transcription, restent maîtres de vendre ou d'hypothéquer valablement les biens par eux donnés ! Ils ne seraient plus exposés à ce péril, lorsque l'enregistrement de la donation tiendrait lieu de la transcription actuelle.

Ce nouveau mode porterait donc remède à tous les dommages de l'ordre de chose qu'il remplacerait. Il serait de plus la source d'une économie qui n'est pas à dédaigner; car le salaire de la transcription est seul un objet de 500,000 fr. par année, dont moitié forme la rétribution du conservateur (1).

Lorsque le nouveau possesseur voudrait se garantir de l'effet des poursuites énoncées au chap. VI du titre des priviléges et hypothèques (Code civil), il ferait notifier aux créanciers un extrait de son titre conforme à l'extrait remis au bureau à l'appui de l'enregistrement (2).

Cette notification comprendrait en même temps, dans un tableau à colonnes, la date de chaque hypothèque, celle de son enregistrement, le nom du créancier et le montant de la créance.

Dans ce tableau devraient entrer toutes les hypothèques dont l'inscription précéderait la vente des biens affectés; et ces hypothèques,

---

(1) Depuis 1816, le trésor s'est attribué la seconde moitié, trouvant que le salaire du conservateur, ainsi réduit, serait encore suffisant; il eût été plus sage, dans l'intérêt de l'agriculture, de faire tourner cette réduction au profit de la partie payante, dont les charges sont déjà si lourdes.

(2) Voyez le modèle B.

il serait facile un jour de les désigner toutes au moyen de l'heureuse distribution du répertoire hypothécaire, soit que leur inscription portât le nom du dernier possesseur, soit qu'elle ait eu lieu sous le nom de l'un ou de l'autre des précédents propriétaires. La colonne du tableau des acquisitions, intitulée *noms des précédents possesseurs*, permettrait en effet, par le numéro de leur compte ouvert rappelé dans la colonne à ce destinée, de consulter leur situation hypothécaire, et de savoir si l'immeuble aliéné est ou nom frappé d'inscriptions provenant de leur chef.

Ainsi, lors même que le contrat d'aliénation n'établirait pas l'origine de la propriété, le conservateur, aidé du répertoire, pourrait suppléer à cette omission dans la recherche de toutes les charges hypothécaires; mais il est probable qu'à l'avenir cette omission de l'origine n'aurait plus lieu, par la facilité qu'auraient les notaires de se procurer au bureau de l'enregistrement, en l'absence des titres du vendeur, les renseignements nécessaires pour l'établissement de la généalogie de la propriété.

Un autre péril pour les acquéreurs et pour les prêteurs cesserait encore par la conception méthodique du répertoire; c'est l'ignorance où ils peuvent être des hypothèques générales grevant une succession acceptée purement et simplement par celui avec lequel ils veulent traiter. Ces hypothèques, que les ressorts du régime actuel ne permettent pas de dévoiler, atteignant les biens personnels de l'héritier par le seul fait de son acceptation ou des actes qui en tiennent lieu, il y a danger évident pour ceux qui contractent avec l'héritier qui se trouve sous le coup d'hypothèques de cette nature. Il serait donc très-important que le conservateur pût toujours les éclairer à cet égard; le répertoire lui en fournirait le moyen, par l'indication de toutes les successions immobilières dans lesquelles tout héritier peut avoir pris part : rien de plus facile dès lors que de consulter la situation hypothécaire de ces successions, et par conséquent de se mettre à couvert de l'effet des hypothèques générales qui pourraient s'étendre aux biens personnels de l'héritier acceptant.

Il est vrai que ce danger disparaîtrait, si l'on adoptait la proposition que nous avons faite plus haut de spécialiser l'hypothèque générale, et d'ôter à l'hypothèque judiciaire son effet sur les biens à venir.

Nous terminerons ce chapitre en faisant remarquer que si toutes les hypothèques générales étaient ramenées à la spécialité, comme le permettraient les diverses combinaisons de notre plan, il n'y aurait plus, pour ainsi dire, d'expropriation forcée ni d'ordre judiciaire. L'immeuble qui serait affecté spécialement jusqu'à concurrence des 3/4 ou des 4/5 de son prix réel, aurait épuisé son crédit, et ne trouverait bien certainement plus de prêteur. Dans ce cas, il est probable que le propriétaire aimerait mieux le vendre volontairement, s'il en était réduit à la nécessité de l'expropriation, que de se laisser dépouiller par les voies judiciaires; car la vente volontaire, toujours plus productive que la vente faite à la barre des tribunaux, pourrait lui conserver une fraction quelconque du prix, tandis que les frais de l'expropriation forcée ne manqueraient pas de dévorer cet excédant. Le propriétaire ne se décide ordinairement à se laisser arracher son patrimoine par l'autorité de la justice, que lorsque, sa ruine étant complète, il a intérêt à subsister le plus longtemps possible aux dépens de ses créanciers, et le système de la spécialité, bien réglé, le mettrait dans l'impossibilité d'épuiser hypothécairement la valeur entière de ses biens immeubles.

En cas de vente volontaire, ses créanciers

seraient tous désintéressés par la simple délé-
gation du prix, jusqu'à due concurrence; et si,
par un entêtement peu probable, le débiteur ne
voulait céder qu'à la voie rigoureuse et dispendieuse de l'expropriation forcée, il y aurait probablement encore, entre le prix de l'adjudication
et le montant des charges hypothécaires, somme
suffisante pour couvrir les frais de justice. Ce
résultat préviendrait l'ouverture d'un ordre
judiciaire, puisque cette mesure n'est entraînée
que par l'impossibilité d'acquitter toutes les
créances inscrites avec le prix de l'immeuble
grevé.

Nous serions ainsi délivrés, au grand profit
du crédit foncier d'où sortiraient infailliblement d'immenses avantages, de ces tristes
procédures d'ordre judiciaire, qui font aujour-
d'hui le désespoir des créanciers par leur interminable lenteur autant que par les frais qu'elles
occasionnent.

———

CHAPITRE XIII.

PUBLICITÉ DES REGISTRES ET RESPONSABILITÉ DU CON-SERVATEUR.

Le conservateur serait tenu de délivrer à tout
requérant copie des extraits remis au bureau,

à l'appui de l'enregistrement des actes portant mutation de biens immeubles ou constitution d'hypothèque.

Il serait responsable du défaut d'enregistrement des actes qui lui auraient été présentés, ou des omissions dans ses certificats, qui auraient porté préjudice aux parties, sauf toutefois l'exception suivante.

Si quelque erreur ou omission suivie de préjudice provenait de l'inexactitude du service des postes, ou de quelque événement étranger au conservateur dans la transmission des feuilles de renvoi d'un bureau à l'autre, cet agent serait à l'abri de recherche; mais les parties lésées devraient être indemnisées par le trésor.

Au surplus, comme il est de l'essence du régime hypothécaire d'offrir sécurité complète à ceux qui contractent sous la foi des garanties promises par cette institution publique, il serait juste, selon nous, que ceux qui pourraient être blessés dans leurs intérêts, par les méprises ou les erreurs de la conservation des hypothèques, ne pussent être victimes de l'insolvabilité du conservateur. En conséquence, toutes les fois que le cautionnement fourni par ce préposé serait insuffisant pour couvrir le dommage causé par l'inexactitude de ses opérations, le créancier

lésé aurait action contre le trésor pour raison
du surplus; sauf le recours de celui-ci contre
son préposé, dans les termes du règlement qui
pourrait être formulé sur ce point.

Cette mesure nous semble commandée par
l'intérêt général ; on se livrerait avec plus d'entraînement aux opérations immobilières et aux
prêts sur hypothèque, quand on serait rassuré
contre les périls qui peuvent aujourd'hui résulter de l'insuffisance du cautionnement de l'a-
gent responsable : et quelle garantie présente en
effet, pour des pertes qui peuvent s'élever à des
centaines de mille francs, un cautionnement
de 30,000 fr. en immeubles, qui, réalisé en
numéraire, ne produirait peut-être pas 20,000
fr. net, en raison du laisser-aller qui préside
d'ordinaire à l'estimation et à l'acceptation du
cautionnement ! Une telle garantie n'inspire pas
autant de sécurité qu'il le faudrait pour la
multiplication du prêt hypothécaire; elle aurait
besoin d'être fortifiée par des sûretés puisées
dans le trésor public (1).

---

(1) Il arrive souvent, dans l'organisation actuelle, que les
intérêts publics sont complétement privés de la garantie du cautionnement ; par exemple, en cas de décès du conservateur des
hypothèques et de son remplacement temporaire par un employé
de l'administration , en attendant l'arrivée du titulaire , qui

Cette mesure, éminemment favorable au crédit foncier et au développement de tous ses avantages, serait d'ailleurs conforme aux règles du droit et de la justice ; chacun est responsable des actes de ses agents. C'est à celui qui donne ses pouvoirs, de les bien placer ; et le Gouvernement, qui distribue les emplois de la conservation et fait son profit du tribut qu'elle procure, ne saurait, sans méconnaissance des règles de l'équité, refuser de couvrir les dommages provenant de l'inexactitude des préposés de son choix.

Pour subvenir au paiement des indemnités qui pourraient tomber à sa charge, le trésor devrait verser chaque mois, à la caisse des dépôts et consignations, une portion plus ou moins forte des droits d'hypothèque, jusqu'à ce qu'il y eût un fonds de cinq millions. Ce fonds une fois complété, le versement mensuel cesserait, sauf à être repris pour remplir le vide occasionné par les dommages que la caisse des dépôts aurait pu avoir à couvrir.

Pour obtenir le relevé des hypothèques ou des actes de mutations, les notaires ou les par-

____

éprouve parfois beaucoup de lenteur. Cela est d'autant plus grave, que la plupart du temps l'intérimaire n'a pas la science pratique nécessaire pour la complète régularité du service ties remettraient au conservateur une demande signée, contenant la désignation des individus et des biens sur lesquels devraient porter la recherche et le certificat.

Il en serait de même à l'égard de tous les autres renseignements récapitulés au répertoire. Cette demande devrait être conçue de manière que le conservateur n'introduisît dans le certificat que les faits clairement spécifiés, afin d'épargner des frais inutiles, et de prévenir en même temps l'inconvénient de révéler au requérant des faits dont la connaissance ne lui serait pas nécessaire.

Cette demande resterait au bureau pour servir de justification ou de garantie, en cas de reproches adressés au conservateur.

En se renfermant dans les termes de cette requête, ce dernier ne pourrait être taxé de grossir les salaires ou d'accroître les difficultés et les frais de purge, en donnant aux parties des extraits superflus. L'administration a quelquefois reçu des plaintes de cette nature, que l'exécution de ce mode aurait l'avantage de prévenir.

Cette publicité, comme on le voit par les détails du répertoire, irait aussi loin que peut le réclamer l'intérêt des transactions civiles. A une autre époque, on aurait pu s'effrayer d'une aussi grande lumière ; mais nous pouvons aujourd'hui en supporter l'éclat sans en être offusqués. L'expérience a fait justice des inquiétudes et des craintes des soutiens du système occulte : les abus dont ils ont fait bruit dans les discussions anciennes du système hypothécaire ne se sont pas réalisés ; l'exécution de ce système n'a troublé ni la paix ni le bonheur des familles, en en dévoilant les secrets ; la prospérité publique n'a pas décliné ; elle a fait, au contraire, des progrès incontestables, à côté des progrès évidents de la moralité publique.

Au temps où nous sommes, il ne saurait être permis de s'envelopper de ténèbres ; nos mœurs actuelles veulent que le grand jour éclaire tous les actes de la vie civile ou publique, et qu'il n'y ait d'impénétrables que les actes de conscience ou ceux de vie privée incapables de nuire à des droits légitimes. Les intérêts particuliers l'exigent comme les intérêts sociaux ; et beaucoup de fautes et de ruines, qui ont germé dans l'ombre, n'auraient causé ni regrets ni larmes, si la clarté du jour, qui inspire ordinairement à tous de la réserve et de la prudence, en eût anéanti le principe.

———

CHAPITRE XIV.

ORGANISATION DE LA CONSERVATION DES HYPOTHÈQUES.

Il y aurait autant de conservations qu'il y a aujourd'hui de bureaux d'enregistrement, puisque cette dernière formalité produirait à la fois les effets actuels de la formalité hypothécaire. Toutefois il pourrait y avoir quelque exception à cette règle générale, comme on le verra plus loin.

Nous avons dit, en parlant du cadastre, que plusieurs chefs-lieux de canton n'avaient pas de bureaux d'enregistrement, et qu'il conviendrait d'en établir un dans chacune de ces résidences. Cette création serait nécessaire dans l'ordre de notre réorganisation hypothécaire; elle rendrait plus facile la connaissance de la situation des immeubles, ainsi que les relations d'un bureau avec l'autre pour le service des renvois. Il importerait d'ailleurs de rapprocher autant que possible des citoyens la source des renseignements où chaque jour ils seraient obligés de venir puiser.

Nous devons avouer cependant qu'un plus grand nombre de conservations, tout en offrant les avantages inappréciables qui viennent d'être

signalés, ne serait pas non plus sans inconvénient ; car plus la circonscription d'un bureau
serait étroite, plus la dissémination des biens
frappés d'hypothèques occasionnerait de com-
plications. Ainsi un corps de domaine, qui,
d'après le mode actuel, ne demande qu'une inscription parce que toutes ses dépendances ont
leur assiette dans le même arrondissement communal, deviendrait nécessairement l'objet de
plusieurs opérations, lorsque ces dépendances
se trouveraient situées dans plusieurs cantons
de cet arrondissement (1).

Ces opérations, par bonheur, ne consiste-
raient qu'en écritures d'ordre, dont le public
n'aurait point à s'occuper ; le point essentiel pour
lui serait d'être éclairé facilement et sûrement
sur la solidité des transactions, et à cet égard
le nouveau mode aurait sur l'ancien un avantage
palpable.

---

(1) On pourrait parer à cet inconvénient en diminuant le
nombre des bureaux ; ce serait d'agrandir la circonscription can-
tonale. Cette mesure serait non-seulement profitable aux opérations hypothécaires, mais encore à l'État par la diminution du
nombre des agents salariés. Ce serait aussi un acheminement vers
d'autres améliorations d'un grand poids que le temps amènera
peut-être, mais qui paraissent encore trop loin de nos idées gou-
vernementales pour qu'il entre dans mon esprit d'énoncer même
ce progrès.

Voudrait-on s'adresser au bureau du domicile du propriétaire, on y trouverait sa position hypothécaire, en quelque lieu que fussent situés ses biens; voudrait-on s'éclairer, au bureau de la situation, même d'une seule parcelle, on y obtiendrait connaissance des hypothèques grevant le domaine dont cette parcelle dépendrait, car les dispositions des contracts ne seraient pas syncopées. Dans les feuilles de renvois, elles comprendraient la désignation entière des immeubles détaillés dans l'acte constitutif de l'hypothèque : ainsi, pour un corps de domaine situé à la fois sur trois cantons, le domicile du propriétaire dans un quatrième, on pourrait être complétement éclairé dans l'un ou l'autre de ces cantons. Cependant il serait toujours plus prudent de s'adresser au bureau du domicile, ou à celui de la situation du principal manoir.

Il nous semble impossible d'offrir au public plus de facilité et de sûreté dans les renseignements que peuvent nécessiter les conventions transactionnelles.

Dans les grandes villes, comme Paris, Lyon, Rouen, etc., où la multiplicité des actes a fait établir plusieurs bureaux d'enregistrement, il faudrait nécessairement une conservation distincte. Dans ce cas, chaque jour, à l'issue de la séance, les extraits et notions susceptibles d'être relevés au répertoire et communiqués au public seraient remis à cette conservation, où ils seraient classés par rang de date et de numéro, puis mentionnés sur le répertoire; on aviserait, par la réunion des bureaux dans un seul local, aux moyens de faciliter cette remise, ainsi que les rapports des employés entre eux.

Ces fonctions seraient désormais assez belles, assez graves, assez productives, pour que l'administration dût se montrer difficile et très-scrupuleuse dans le choix de ses agents; car les meilleures institutions peuvent être privées d'efficacité par l'incurie ou par l'ignorance de ceux qui doivent en assurer l'exécution. On ne saurait donc trop se prémunir contre les atteintes de ce manifeste danger.

Pour y mettre obstacle autant qu'il est possible, nous proposerons de créer dans chaque faculté de droit une chaire spéciale de droit d'enregistrement et hypothécaire, de droit domanial et de notariat, matières dont la science et l'application incessante touchent d'assez près à la fortune de l'État et aux intérêts généraux et particuliers de le société pour justifier cette proposition. On a bien créé une école forestière, d'où sortent des élèves qui remplissent maintenant les cadres de cette administration avec des succès incontestables ; cet exemple doit nous faire espérer que le Gouvernement se déciderait volontiers à compléter l'adoption de notre plan de réforme, par l'institution d'un enseignement pour des matières évidemment plus importantes que la garde et l'amélioration des forêts publiques, dont nous reconnaissons toutefois l'extrême utilité.

Si notre proposition pouvait être accueillie, aucun postulant ne devrait être inscrit sur la liste des surnuméraires, qu'il n'eût justifié auparavant d'un diplôme de licencié en droit, ni plus tard être pourvu d'une commission de receveur-conservateur sans avoir acquis pendant son noviciat, suivi d'un dernier examen oral, la possibilité de joindre la pratique la plus satisfaisante aux leçons de l'école.

Et qu'on ne s'imagine pas que ces conditions sévères soient de nature à causer du vide dans le nombre des aspirants réclamés par les besoins du service : il ne s'en présenterait que trop encore ; car aujourd'hui l'encombrement des demandes est tel, qu'il excède de dix fois au moins le nombre des admissions possibles, malgré le peu d'avenir que présente la modicité actuelle des emplois de l'administration.

Ces conditions favorables au perfectionnement des études et au développement du progrès
administratif, qui pourrait élever si haut la
richesse et la gloire du pays, auraient en outre
l'avantage de diminuer les déplorables effets du
patronage et du népotisme, qui ne pourraient
plus au moins s'exercer que sur des sujets dont
l'intelligence et l'instruction seraient garanties
par des études et des épreuves au dessus de la
portée des cerveaux étroits et ignorants.

Les receveurs-conservateurs fourniraient un
cautionnement proportionné à l'importance du
bureau ; car il faut une garantie de leur exactitude et de leur probité : c'est une nécessité
fâcheuse, en ce qu'elle tend à exclure le mérite
dépourvu de fortune ; mais on pourrait l'adou-
cir en modérant cette garantie le plus possible
par de bons choix et par des peines disciplinaires
biens réglées et appliquées avec la fermeté
nécessaire.

Le conservateur dont le cautionnement serait
absorbé par une condamnation prononcée contre
lui, devrait en fournir un autre dans un court
délai, à défaut de quoi il serait pourvu à son
remplacement.

Quant aux actions en indemnité, il conviendrait, dans notre opinion du moins, qu'elles se
prescrivissent par dix ans, à dater de l'erreur

ou de l'omission susceptible de motiver un recours. Il est peu probable que des demandes en indemnité se produisent après ce décès, et il importerait beaucoup aux agents de l'administration, et surtout, en cas de décès, à la tranquillité de leurs familles et au règlement de leurs intérêts, que cette garantie non éteinte pourrait entraver, qu'il y eût un terme raisonnable aux recherches qui pourraient être la suite de leur gestion. Celui de dix ans nous paraît suffire à tous les besoins généraux et particuliers, lorsque nous considérons que c'est par ce délai que se prescrit en certain cas la propriété acquise de bonne foi.

Ainsi modifiée, la garantie du conservateur ne mettrait point un obstacle insurmontable à la nomination de l'homme capable mais privé de moyens pécuniaires : l'aspirant dont la bonne conduite serait connue trouverait probablement dans sa famille, ou dans les secours de l'amitié, le cautionnement que ses biens personnels ne lui permettraient pas de fournir.

Mais les receveurs-conservateurs ne sont pas les seuls dont l'aptitude et les qualités morales devraient environner et justifier le choix ; les notaires, appelés à jouer un rôle important dans le nouveau système, auraient aussi besoin d'être soumis à des conditions plus rigoureuses et mieux combinées que celles qui sont exigées maintenant pour leur admission. La justification d'études complètes dans les écoles de droit, et l'obtention d'un diplôme de licencié, indépendamment du stage actuel, sont des conditions qui ne seraient pas moins nécessaires pour eux que pour les agents de l'administration. En fermant l'entrée de cette double carrière aux études médiocres, le Gouvernement assurerait à la fois la régularité et la fructification certaine de ces importants services, et porterait naturellement du côté de l'agriculture et des professions industrielles un grand nombre de bras dont elles ont besoin, et qui s'en détournent maintenant par l'espoir d'obtenir un emploi public, espoir trop souvent déçu, et qui ne peut ainsi produire que des germes de perturbation sociale.

TITRE VI.

Dispositions transitoires.

DES DROITS ANTÉRIEURS AU NOUVEAU SYSTÈME HYPOTHÉCAIRE.

Ce n'est point assez de disposer pour l'avenir, il faut aussi lier le passé au présent, en conservant autant que possible, aux droits antérieurs, la garantie que leur assurent les lois sous lesquelles ils ont pris naissance. Mais il ne faudrait pas qu'un respect aveugle pour un système évidemment vicieux, contre lequel des plaintes fondées s'élèvent de toutes parts, pût nous priver longtemps encore des avantages qui doivent naître de la publicité simple, prompte et complète que promettent les combinaisons du mode tracé dans cet ouvrage. Nous ne devons pas nous contenter de livrer à un témoignage public le privilége du vendeur pour les ventes futures; il faudrait que cette publicité s'étendît également aux priviléges antérieurs, pour combler une lacune qui ne peut qu'éloigner de la propriété foncière les capitaux que réclament l'essor et la prospérité de l'industrie nationale.

Ainsi tout vendeur dont le privilége ne serait pas inscrit, devrait, dans l'année de la mise en action du nouveau système, remettre au bureau de la situation des biens ou à celui du domicile de l'acquéreur non encore libéré du prix de son acquisition , un extrait de son acte de vente collationné par un notaire , et conforme au modèle prescrit par le règlement.

Cet extrait , enregistré pour ordre, serait mentionné au répertoire, puis ensuite classé à son rang parmi les extraits concernant les charges hypothécaires.

Passé ce délai , cette formalité conservatoire n'aurait d'effet contre les tiers qu'à dater du dépôt de l'extrait en question, soit pour le privilége , soit pour l'action résolutoire.

Cette obligation, conforme à celle qu'avait prescrite la loi de brumaire an VII pour les priviléges et hypothèques antérieurs à sa promulgation, n'aurait rien de trop rigoureux dans son exécution ni dans ses effets, et nous ne prévoyons pas que l'approbation des pouvoirs législatifs puisse raisonnablement lui être refusée.

Une mesure analogue pour les hypothèques légales ne serait pas moins indispensable , et réclamerait également la sanction de la loi.

Ces hypothèques, à l'égard du passé, devraient être publiées à la diligence des grevés eux-mêmes, dans le délai ci-dessus, à peine d'une amende de...

A cet effet, ils remettraient au conservateur de leur domicile un extrait notarié, conforme au modèle C, extrait dans lequel seraient détaillés l'origine, les causes et le montant de l'hypothèque.

Pour assurer l'exécution de cette mesure, tout grevé d'hypothèque légale devrait, en cas d'emprunt, d'aliénation ou d'acquisition, justifier de la publication de cette hypothèque par un certificat du conservateur.

Cette justification serait mentionnée dans l'acte d'emprunt ou de mutation ; on y déclarerait en même temps, sous les peines de stellionat, qu'il n'existe pas d'autres causes d'hypothèque légale que celles dont le conservateur aurait certifié l'existence.

A défaut de cette justification, défense serait faite au notaire de passer acte, sous peine d'une amende de..., et des dommages-intérêts que l'inobservation de cette mesure pourrait entraîner.

Si les contractants déclaraient qu'ils ne sont

ni mariés, ni tuteurs, ni curateurs, ou qu'il n'y a contre eux nulle cause d'hypothèque légale, cette déclaration serait exprimée dans l'acte, sous les peines ci-dessus.

A mesure de l'enregistrement des actes, le receveur comparerait cette déclaration avec les documents du bureau ; et si elle était reconnue mensongère, il provoquerait immédiatement, par un procès-verbal, l'application de l'amende énoncée plus haut.

Défense serait faite, sous les mêmes peines, à tout receveur d'enregistrement, d'admettre à cette formalité tout acte sous signature privée, qui ne serait pas accompagné de la justification ou de la déclaration ci-dessus.

Un extrait de la loi, contenant ces disposi-tions, serait affiché dans les études des notaires, avoués, huissiers, dans les greffes des tribunaux et dans les bureaux d'enregistrement et d'hypo-thèques.

Telles sont les dispositions que nous propo-serions de formuler en article de loi à l'égard des hypothèques légales antérieures au nouveau système. On nous répondra sans doute que malgré ces prévoyantes mesures, que malgré la sévérité de la loi contre les infracteurs, il y au-rait des déclarations inexactes, mensongères, qui porteraient dommage aux droits des femmes et des mineurs. Nous ne contesterons pas la possibilité du fait; mais on nous accordera probablement cette vérité palpable, que le système de l'hypothèque occulte garantit bien moins efficacement encore le patrimoine de la femme et du mineur, que ne le ferait la mesure que nous venons de présenter.

Cette mesure, nous le savons, mettrait pour quelque temps de la gêne et des entraves dans les transactions immobilières; mais quel moyen de sortir autrement de la mauvaise voie dans laquelle on est engagé? Il serait impossible, sans l'emploi de quelque mesure sévère, d'entourer de protection les intérêts de créanciers qui sont dans l'impuissance d'agir eux-mêmes, et dont les droits sont incontestablement d'ordre public.

Mais tout *cessionnaire d'hypothèque légale*, ne pouvant raisonnablement se prévaloir des causes d'incapacité qui existent du côté de la femme et du mineur, devrait, dans le délai d'un an, conserver les effets hypothécaires de cette cession, par la remise d'un extrait de son titre, sous peine de ne pouvoir les opposer aux droits des tiers.

Les hypothèques judiciaires ou conventionnelles non inscrites à l'époque de la mise en action du nouveau système n'occasionneraient pas de difficultés ; les créanciers se borneraient à remettre un extrait des actes, formulé comme il est dit plus haut. Cet extrait devrait être remis dans un délai de trois mois à dater du jour où le nouveau mode serait obligatoire, sous peine de déchéance de l'hypothèque.

Mais une difficulté reste encore à aplanir. Nous avons proposé la suppression des conservations actuelles par des motifs que sans doute on n'a pas oubliés, une publicité plus rapide, plus complète et moins dispendieuse ; que ferons-nous à l'égard des créances actuellement inscrites ?

Plusieurs moyens se présentent : 1° obliger les créanciers à les renouveler dans un délai restreint par la production d'un extrait de leur titre ; 2° faire le dépouillement des registres actuels et en composer de nouveaux dans les conservations cantonales ; 3° laisser subsister les conservations actuelles pendant 10 ans encore, durée légale de l'inscription maintenant en usage.

Ces divers moyens offriraient les inconvénients et les avantages que voici :

Le renouvellement dans un délai quelconque occasionnerait des frais, et probablement aussi de nombreuses déchéances qu'il est convenable de prévenir. La loi n'est pas connue de tous, quoiqu'elle soit censée l'être, et il est certain que, par un motif ou par un autre, beaucoup de créanciers omettraient ce périlleux renouvellement. Le seul avantage qui en résulterait, serait d'offrir au public la possibilité de trouver dans les conservations nouvelles tous les renseignements hypothécaires pour le passé et pour le présent.

Le second moyen présenterait ce même avantage dégagé des frais du renouvellement. Il révélerait également dans le même lieu toutes les situations hypothécaires anciennes et nouvelles, et ne donnerait de peines et de soins qu'à l'administration qui doit le sacrifice de son repos à l'intérêt général ; mais il pourrait se glisser dans le dépouillement des anciens registres des erreurs et des omissions dont les conséquences pourraient être funestes.

Si ce mode prévalait, voici quelle devrait être la marche à suivre : on transmettrait au bureau de la situation le double des bordereaux gardé par le conservateur à l'appui des anciennes inscriptions : ce double, revêtu d'un certificat de conformité aux énonciations du registre, une fois parvenu à la conservation nouvelle, y serait classé par ordre de numéro, puis ensuite consigné sur le répertoire.

Les bordereaux concernant des débiteurs domiciliés dans un canton autre que celui de la situation des immeubles seraient immédiatement copiés et transmis par le conservateur de ce canton à celui du domicile.

Quant aux inscriptions d'office, on procéderait nécessairement par copie pour le renvoi au bureau de la situation, et, le cas échéant, à celui du domicile, attendu qu'il n'existe pas de bordereaux particuliers pour ces inscriptions qui sont faites d'office par le conservateur, à mesure de la transcription des contrats, lorsque le prix de la vente n'est pas intégralement payé.

Il est inutile d'ajouter que cette opération n'embrasserait que les inscriptions étrangères au canton où siége le bureau actuel des hypothèques, canton qui, étant le plus riche et le plus populeux de l'arrondissement communal, rendrait les renvois moins nombreux qu'on ne se l'imagine au premier abord.

Le troisième moyen, qui est évidemment le plus simple et le plus facile pour l'administration, aurait l'inconvénient d'obliger le public à consulter à la fois le nouveau conservateur pour les hypothèques nouvelles, et le dépositaire des anciens registres pour les inscriptions antérieures au nouveau système. Mais les frais et les démarches nécessités par cette double compilation, lorsqu'il serait question de vente ou d'emprunt, pourraient se réduire à fort peu de chose pour ceux qui voudraient une fois pour toutes lever le certificat général de leur situation hypothécaire ancienne, et faire dans l'étude du notaire de leur choix le dépôt de cette pièce, qui, étant complétée par le certificat des faits nouveaux, pourrait servir de renseignement dans toutes leurs affaires ultérieures. Ce mode est celui qui, à notre avis, mériterait la préférence. Par son adoption, le titulaire de la conservation supprimée n'éprouverait pas de perte sensible sous le rapport de ses intérêts. Son nouvel emploi serait, à la vérité, moins lucratif; mais les certificats relatifs aux précédentes opérations hypothécaires lui procureraient longtemps des honoraires qui soutiendraient convenablement son état de fortune.

RÉSUMÉ.

La contribution foncière présente dans son assiette et dans sa répartition des inégalités déplorables contre lesquelles de justes plaintes n'ont cessé de se reproduire depuis l'établissement de cet impôt.

Les espérances que le cadastre avait fait naître ne se sont pas complétement réalisées ; les résultats de l'expertise n'ont pas vaincu les difficultés de la péréquation entre les départements et les communes.

On a reconnu, après mille essais infructueux, que les opérations cadastrales ne pouvaient avoir de résultat satisfaisant que pour la répartition de l'impôt entre les contribuables de la même commune.

Ce résultat toutefois n'en est pas moins un immense bienfait ; l'injustice qu'il a réparée devenait à chaque instant le sujet d'une comparaison irritante et fâcheuse.

Aussi a-t-on demandé de toutes parts l'achèvement de cette utile et colossale entreprise.

Maintenant qu'elle touche à son terme, un nouveau besoin se fait sentir : le maintien de l'atlas et des matrices en rapport perpétuel avec les modifications incessantes de la propriété dans sa nature, son étendue, sa configuration, soit que ces modifications procèdent de la volonté de l'homme ou d'une cause naturelle.

Un autre inconvénient qui frappe tous les

yeux consiste dans l'inexactitude des rôles de la contribution, où l'on trouve nombre de propriétaires dépossédés depuis longtemps, tandis que beaucoup de nouveaux possesseurs n'y prennent place qu'après un retard de plusieurs années, et même quelquefois n'y sont jamais inscrits.

Ce désordre, dû à l'imperfection du mode établi pour le recueil des mutations annuelles, nuit à la fois au recouvrement de l'impôt et à l'exercice beaucoup plus sérieux des droits qui forment la base de notre édifice politique, par l'erreur ou le mensonge que ce désordre introduit dans les listes électorales.

Les droits d'enregistrement compriment la valeur de la propriété, mettent obstacle à son mouvement, entravent la circulation des capitaux, et retardent les progrès agricoles et industriels par l'exagération ou par la combinaison irréfléchie et dommageable de plusieurs articles du tarif.

D'un autre côté, les bases de perception de ces droits sur les transmissions d'immeubles se prêtent à la fraude par la simulation des prix ; et cette fraude altère évidemment la vérité des transactions, porte dommage aux droits des tiers, engendre des procès ruineux, et devient pour la morale publique un élément de dissolution en faussant les idées de probité et de justice.

La vénalité des offices, qui, par l'imprévoyance de la législature de 1816 et par l'inconcevable laisser-aller du pouvoir, s'est témérairement relevée de l'abolition dont la loi de 1791 l'avait frappée à si juste titre, a profondément blessé les intérêts généraux du pays, et menace d'étendre bien plus encore ses déplorables effets, si l'on ne s'empresse d'y apporter un remède énergique et efficace.

Enfin, il n'est personne qui ne sache à présent que notre régime hypothécaire, par ses lacunes, ses imperfections, et son impuissance contre la mauvaise foi, éloigne les capitaux de l'industrie agricole, et refuse à la petite propriété surtout, pourtant si nombreuse et si digne d'égards par les charges publiques qui lui sont imposées, les secours après lesquels elle soupire dans les années stériles, ou dont elle aurait besoin pour n'être pas obligée de vendre à vil prix ses produits dans les années abondantes.

Tous ces faits, nous les avons mis en lumière dans les titres et chapitres de cet ouvrage.

Pour faire ressortir l'inégale répartition de la taxe foncière entre les différentes localités, nous avons proposé la comparaison du revenu imposable énoncé dans les matrices actuelles, avec les prix de ventes et de baux de toutes les propriétés par commune, par canton, par arrondissement et par département, à l'aide de notions prises dans les actes publics, et groupées avec ordre, à mesure de l'enregistrement de ces actes, dans un répertoire d'où l'on extrairait, chaque année, ces renseignements évidemment préférables à des opérations d'experts souvent influencés par des intérêts personnels ou locaux.

Nous avons en même temps proposé des moyens de nivellement capables de faire cesser les plaintes qu'entraîne la disproportion actuelle, et de préparer la conversion de l'impôt de répartition en impôt de quotité ; changement heureux qui abrégerait les travaux de l'administration, des Chambres, des conseils généraux, et préviendrait à la fois les inconvénients qui naissent aujourd'hui de la tardive confection des rôles.

Nous avons indiqué un mode de perpétuation cadastrale simple et facile, au moyen duquel l'atlas et les matrices seraient toujours en harmonie avec les variations continuelles du terrain et de la propriété. Par ce degré de perfection, le cadastre deviendrait un élément de paix et de concorde entre les propriétaires riverains, le terme d'une foule de procès, le germe d'une organisation moins dispendieuse de l'ordre judiciaire et de l'administration départementale, une source de renseignements précieux en matière d'entreprises industrielles et d'utilité publique, un puissant auxiliaire dans la répartition ou l'assiette de l'impôt, enfin le thermomètre des vicissitudes et des progrès de l'agriculture.

Nous avons proposé, pour mettre un terme à l'inexactitude des rôles, de composer les feuilles de mutations, à mesure de l'enregistrement des actes, sans le concours des contrôleurs actuellement chargés de ce soin, d'où naîtraient à la fois plus de régularité et une double économie de temps dans l'exécution et d'argent dans la dépense.

Nous avons fait voir que, par sa distribution méthodique et les renseignements qu'il renfermerait, notre livre-répertoire, résumé de tout le système proposé dans cet ouvrage, rendrait la confection des listes électorales facile et exempte d'erreurs, sans que les contribuables eussent à s'occuper d'aucune sorte de justification.

Nous avons présenté des modifications dans le tarif des droits d'enregistrement, qui auraient pour but de favoriser le mouvement des créances hypothécaires, celui de la propriété, et de mettre fin aux simulations du prix de ventes, en rendant désormais inutile pour le contribuable cette voie frauduleuse dont les effets sont désastreux et affligeants.

Nous avons proposé un mode de rachat et d'extinction de la vénalité des offices, propre à concilier les intérêts des titulaires avec les intérêts sociaux et avec le principe de notre état politique, qui ne permet pas que des fonctions créées au profit de tous, déléguées par le roi et dues aux plus dignes, deviennent le patrimoine des plus riches, et retombent sur le peuple en agiotage ou en taxe usuraire.

Nous avons fait l'exposition d'un plan hypothécaire susceptible de diminuer les écritures, d'en assurer l'exactitude, d'abréger les retards qu'elles apportent dans l'exécution des affaires, de faciliter les recherches, de prévenir les erreurs qui naissent de la confusion des individus ou des biens dans les livres de la conservation ; enfin de donner les plus sûres garanties contre l'erreur ou la mauvaise foi, en mettant en relief, au bureau du domicile aussi bien qu'à celui de la situation, le bilan immobilier de chaque propriétaire, des notions dignes de foi sur la valeur de ses biens, toutes les mutations de propriété, les clauses de retour, de réméré, de réserve d'usufruit, le privilége du vendeur, *les hypothèques légales*, les hypothèques judiciaires et conventionnelles, les cas d'interdiction, de conseil judiciaire, de privation des droits civils, de faillite, et, en un mot, tout ce qu'exige la sûreté des transactions.

Nous y avons ajouté un mode de cession des créances hypothécaires analogue à celui des transferts de rentes sur l'État, qui aurait pour effet de favoriser les placements sur immeubles, d'encourager les prêts à longs termes, de faciliter les ventes de biens fonds, et d'en augmenter le prix par la possibilité d'offrir aux acquéreurs de grands délais pour en effectuer le paiement.

Enfin, nous avons fait voir qu'il était possible, nous dirons même facile, d'obtenir ces immenses résultats par la simplification des ressorts administratifs, et par des millions d'économie qui tourneraient au profit des contribuables, sans dommage aucun pour la recette nationale.

Ainsi, réparer les inégalités et les injustices de la distribution de l'impôt, en améliorer la perception, diminuer les frais et les dépenses, consolider le plus précieux de nos droits en en perfectionnant les bases, accroître la confiance, multiplier la circulation des capitaux, les porter au secours de l'agriculture et de l'industrie, en un mot, féconder les sources de richesse publique et la puissance de l'État, tels seraient, sans aucun doute, les fruits du plan que nous avons conçu et tracé après une longue étude de la matière.

Maintenant il nous reste à exprimer un vœu, c'est qu'il trouve appui dans l'opinion publique et bonne volonté dans les conseils du Gouvernement. Il a évidemment un mérite que ne présentent pas beaucoup d'autres questions financières et économiques ; c'est de favoriser les plus grands intérêts du pays sans les mettre en hostilité les uns contre les autres. Nous espérons que ce précieux avantage lui sera en aide, et balancera dans l'esprit du grand nombre les plaintes de certains intérêts personnels qui pourraient se croire troublés par son exécution, et qui, en réalité, ne manqueraient pas d'obtenir bientôt de larges compensations pécuniaires, jointes à un tribut de considération et d'estime dont rien, désormais, ne saurait ternir l'éclat.

FIN.

MODÈLE B.

N° D'ORDRE.

1er.

VENTE D'IMMEUBLES ET INSCRIPTION DE PRIVILÉGE.

Canton de Fontainebleau.—Bureau de Fontainebleau.

NUMÉROS	
du réper-toire.	du compte ouvert.
2.	4.
1.	1.

Le quinze mars 1825, par acte passé devant Me Lemoine, notaire à Fontainebleau, *enregistré le 20 dudit mois, n° 101*, le sieur Jean-Baptiste Roy, marchand de vin à Vulaines, né à Avon le 10 janvier 1780, a vendu au sieur Claude Gentil, négociant à Paris, où il est né le 20 mars 1784, la ferme du château ci-après désignée :

NUMÉROS		DÉSIGNATION DES IMMEUBLES.				MONTANT	OBSERVATIONS.
du plan primitif.	du plan subdivisionnaire.	Nature.	Lieux dits.	Contenance.	Section.	du revenu imposable.	
		COMMUNE D'AVON.		h. a. c.			
4		Maison et bâtiments.	La Ferme - du - Château.	» 50 »	a	40 »	
3		Pré.	La Fontaine. . . .	5 10	b	120 »	
3		Terre labourable et sable	Champ-Grand . .	24 15 10	d	140 »	
24		Vigne.	L'Epine-Blanche	1 4 »	m	45 »	
7		Bois et friches. .	Les Roches.	69 20 90	g	155 »	
						500 »	

Laquelle avait été acquise par ledit sieur Roy de Pierre Mouzot, brasseur à Montereau, suivant acte passé devant Me Bonnissant, notaire à Moret, le 15 mars 1810.

Elle était échue à celui-ci des successions de Pierre Morizot, marchand de blé, et de Mélanie Petitjean, ses père et mère, décédés audit Montereau, qui en étaient propriétaires depuis plus de trente ans.

Cette vente a eu lieu moyennant la somme de quarante mille francs, sur laquelle vingt mille francs ont été payés comptant ; le surplus de vingt mille francs sera payé, savoir, 10,000 le 15 mars 1828, et 10,000 francs à pareil jour de 1830 : le tout avec intérêt à 5 pour cent, payable chaque année, le 15 mars, au domicile du vendeur.

Au paiement duquel reliquat ledit vendeur entend que ladite ferme soit affectée et hypothéquée (1).

Lequel fait élection de domicile en sa demeure à Avon (2).

Pour extrait conforme, délivré par moi notaire soussigné, à Fontainebleau, le 20 mars 1825.

Vu et certifié par le Conservateur soussigné.

---

(1) Si le vendeur voulait renoncer à son privilége, on s'expliquerait ainsi : Pour sûreté duquel reliquat le vendeur n'entend conserver ni privilége hypothécaire ni action résolutoire.

Dans ce cas, cet extrait serait mis au rang des actes de mutation, et seulement annoté dans le répertoire, au tableau des aliénations et à celui des acquisitions.

(2) Les clauses de servitude, de réméré, de réserve d'usufruit, s'il y en avait, seraient analysées.

<table>
<tr><td colspan="2" align="center">NUMÉROS</td></tr>
<tr><td align="center">du registre.</td><td align="center">de l'extrait.</td></tr>
</table>

MENTION DE SUBROGATION.

Le 30 juin 1825, par acte passé devant Me Lemoine, notaire à Fontainebleau, enregistré le 4 juillet suivant, n° 70, le sieur Roy, dénommé de l'autre part, a subrogé le sieur Ulric Jacquart, confiseur à Paris, dans tous les droits qui résultaient à son profit de l'inscription et du titre énoncés de l'autre part.

1   17

Lequel sieur Jacquart a déclaré faire élection de domicile en l'étude dudit Me Lemoine, notaire à Fontainebleau.

Le Conservateur,

RADIATION PARTIELLE.

Le 15 mars 1828, suivant acte passé devant Me Lemoine, notaire à Fontainebleau, enregistré le 20 mars 1828, n° 5, la somme de dix mille francs, ainsi que les intérêts dus et échus jusqu'à cette époque, ont été payés au sieur Ulric Jacquart, qui a consenti que son hypothèque fût réduite à la somme de dix mille francs en principal et aux intérêts qu'elle doit produire, et ne frappât désormais que sur la pièce de bois désignée sous le n° 7 du plan rappelé de l'autre part.

1   40

Le Conservateur,

RADIATION DÉFINITIVE.

Le 15 mars 1830, en vertu d'un acte passé devant ledit notaire, enregistré le 24 dudit mois, n° 8, contenant quittance pour solde, l'inscription de l'autre part a été radiée définitivement.

1   25

Le Conservateur,

N^o D'ORDRE.

MODÈLE C.

60.

NUMÉROS	
du répertoire.	du compte ouvert.
1	1

HYPOTHÈQUE LÉGALE. — INSCRIPTION DE CRÉANCE.

Canton de Fontainebleau.— Bureau de Fontainebleau.

Le 5 janvier 1826, par acte passé devant Me Dunays, notaire à Paris, enregistré le 10 dudit mois, n° 40, contenant les conventions du mariage projeté entre le sieur Claude Gentil, négociant à Paris, né à Versailles, le 10 janvier 1780, et Julie Duchénoy, le 10 juin 1804, le sieur Edmond Duchenoy, rentier à Versailles, et dame Marie-Clémence Bertin, son épouse, père et mère de ladite demoiselle Julie Duchénoy, lui ont constitué en dot une somme de quarante mille francs, payable le jour de la célébration du mariage, de laquelle somme cette célébration vaudra quittance (1).

Pour en assurer le remboursement, tous les biens présents et à venir du débiteur, et notamment ceux qu'ils possèdent actuellement dans les communes d'Avon, Samois,

---

(1) Lorsque la somme formant la constitution dotale serait payée ultérieurement, le conservateur se ferait remettre un extrait de la minute de la quittance. Si, vérification faite, il reconnaissait que, par erreur, l'hypothèque légale n'a pas été publiée en vertu du contrat de mariage, il s'empresserait alors de réparer cette omission.

Samoreau et Vulaines, canton de Fontainebleau, seront grevés de l'hypothèque accordée par la loi (1).

Domicile est élu pour madame Gentil au bureau du conservateur des hypothèques de la situation des biens, ou chez. . . . . .

Pour extrait collationné par le notaire soussigné, à Paris, le 7 janvier 1826.

Vu et certifié par le Conservateur,

---

(1) S'il avait été convenu par le contrat de mariage que l'hypothèque serait restreinte à tel ou tel immeuble, la désignation devrait en être faite comme au modèle B.

RADIATION DÉFINITIVE.

Le 10 mai 1827, par un acte passé devant Me Lemoine, notaire à Fontainebleau, enregistré audit lieu le 14 du même mois, n° 41, il a été fait acquisition au profit de madame Gentil ci-dessus dénommée, d'une maison à Fontainebleau, moyennant quarante mille francs qui ont été payés par sondit mari à titre d'emploi de la dot énoncée dans l'extrait qui précède, au moyen de quoi cette hypothèque est radiée définitivement.

Le Conservateur,

TABLE SOMMAIRE DES MATIÈRES,

La réorganisation hypothécaire est le point capital de cet ouvrage, page 6. — Nécessité de l'asseoir sur le cadastre, l'enregistrement et les rôles fonciers, *id.* — But du système hypothécaire, 7. — Ce qu'il doit offrir pour répondre aux besoins sociaux, 8. — Vices et lacunes du système actuel, 9. — Ce que demandent les partisans de la réforme hypothécaire, 10. — La multiplicité des faits et les frais qu'ils occasionneraient ne permettent pas l'exécution de leur plan, 11. — La transcription de tous les contrats serait trop dispendieuse, 12. — Impossibilité de l'inscription des hypothèques légales par les procédés actuels, 13. — Le but désirable serait atteint par l'enregistrement détaillé des contrats appuyé de renseignements cadastraux, 15. — Description d'un livre-répertoire où tous les faits viendraient se grouper et se résumer, 16. — Mode d'exécution de ce registre d'ordre, 18. — Le simple enregistrement des contrats tiendrait lieu des formalités hypothécaires actuelles, 19. — Les parties contractantes seraient débarrassées du soin de la conservation de leurs droits, *id.* — Le répertoire des faits ferait connaître l'actif et le passif de la propriété, 20. — Appréciation des valeurs par le revenu imposable, *id.* — La spécialité de l'hypothèque est indispensable, 21. — Procédé pour la réduction de l'hypothèque générale, 22. — Inégalité de l'impôt, 23. — Échelle de peréquation du revenu imposable, *id.* — Impôt de quotité, 24. — Droits de mutation, fraude, remède, *id.* — Listes électorales, confection simplifiée, 25. — Charges de la propriété foncière en disproportion avec le revenu, 26. — Ses besoins, 28. — Nécessité du perfectionnement hypothécaire sous le rapport du remboursement de la rente 5 p. %, 29. — Division des matières, 30.

TITRE Ier.

Ces impôts ayant une même source, il importe que l'administration n'en soit pas divisée, 33. — Exemples des inconvénients de cette division, *id.* —Avantages de la réunion, 36. — Replacement des employés supprimés, 38. — Les travaux ne souffriraient pas de la suppression de la direction, de l'inspection et du contrôle, 39. — Économie dans les dépenses et célérité dans les opérations, 43.

TITRE II.

Importance de cette contribution, 44.—Nuisible

TITRE III.

conservation, 230. — Il préviendrait les dangers de l'effet rétroactif, *id.* — Mode de publication, 231.

§ II. — *Conservation du privilége du cohéritier ou du copartageant*, 235.

§ III. — *Conservation du privilége des architectes, des créanciers et légataires, et du trésor*, 236.

§ IV. — *Conservation des hypothèqaes légales.* — Droits des femmes sur les biens de leurs maris, 236.

Explication des moyens par lesquels le montant de ces droits serait publié au domicile et au lieu de la situation des biens, 237. — Avantages de cette publication, 242.

Droits des mineurs et des interdits. — Même mode de publication, 245. — Moyen à prendre pour la publication de l'hypothèque sur les biens acquis ultérieurement, 246.

Comptables publics. — Publication de l'hypothèque contre eux, 248.

§ V. — *Conservation des hypothèques judiciaires*, 248. — Mesure nécessaire pour la publication, 249. — Ne devraient pas atteindre les biens à venir, 250. — Ce qu'il y aurait à faire en cas de maintien de cette hypothèque sur les biens futurs, *id.* — Innovation proposée, 253. — Spécialisation de l'hypothèque par le jugement même, 254. — Refus d'hypothèque en cas d'absorption des biens par des hypothèques existantes, 255. — Injustice des hypothèques judiciaires à l'égard des hypothèques antérieures, *id.*

CESSION.

Considérations générales , 263.—La cession mise sur le même pied que le transport des rentes sur l'État, 266.—Importance du grand livre de la dette territoriale, 267. — Ne nuirait pas au crédit du grand livre de la dette publique, 268.—Favoriserait les emprunts , la valeur de la propriété et la culture, *id.*—La petite culture préconisée , 270.— Mode de transport, 271. — Le conservateur des hypothèques faisant office d'agent de change, 273. — Faciliter les emprunts à de bonnes conditions, c'est enrichir et consolider la propriété, 274. — Inutilité de la signification du transport.

SUBROGATION.

Comment elle s'opérerait, 277.

La transcription des contrats remplacée par leur enregistrement accompagné d'un extrait analytique, 279. — Impuissance de la transcription actuelle contre le stellionat, 280. — N'est qu'une occasion de frais, *id.*—Un piége, 282. — Retarde les paie-

TITRE VI.

FIN DE LA TABLE.

POITIERS. — IMP. DE F.-A. SAURIN.

ODÈLE A.

RÉPERTOIRE

DE LA CONTRIBUTION FONCIÈRE ET DES FORMALITÉS D'ENREGISTREMENT ET D'HYPOTHÈQUES.

BUREAU DE FONTAINEBLEAU.

Numéro du répertoire	NOM du contribuable.	Ses prénoms.	Sa profession.	Son domicile, etc.	Transcription...	Absention...	Lieu et date de la naissance.	Introduction...	Conseil judiciaire...	Décès...	Date...	Nature et date des actes...	Faillite...	Régularisations...	Décès...	Décès...	Droit au commencement...	Numéro du greffe.
1er.	GENTIL.	Gustave.	Négociant.	Paris.	Fontainebleau, 14 juin 1897.		Versailles, 13 janvier 1860.										DUCHÉNOY Jules.	18

EXTRAIT DES ROLES DE RÉPARTITION DE LA CONTRIBUTION FONCIÈRE.

COMMUNE D'AVON.			COMMUNE DE VENEUX.			COMMUNE DE SAMOREAU.			COMMUNE DE VULAINES.			COMMUNE DE			COMMUNE DE			COMMUNE DE			COMMUNE DE			COMMUNE DE			COMMUNE DE			COMMUNE DE		
Année.	Revenu.	Observations.	Année.	Revenu.	Observations.	Année.	Revenu.	Destination.	Année.	Revenu.	Observations.	Année.	Revenu.	Observations.	Année.	Revenu.	Observations.	Année.	Revenu.	Observations.	Année.	Revenu.	Observations.	Année.	Revenu.	Observations.	Année.	Revenu.	Observations.	Année.	Revenu.	Observations.
1824	600 »	. . . .	1825	50 »	. . . .	1825	475 »	. . . .	1824	10 »	. . . .																					
1826	560 »	Acquisition n° 3.	1826	100 »	Acquisition n° 7.	1826	150 »	Partage n° 3.	1826	20 »	. . . .																					
1827	620 »	Donation n° 3, et acquisition n° 6.	1827	50 »	Échange n° 7.	1827	150 »	Testament n° 4, et échange n° 6.	1827	260 »	. . . .																					
1828	600 »	Lot de partage échu à M. Gentil.	1828	75 »	Vente n°s 3 et 5.	1828	260 »	. . . .																								

ALIÉNATIONS.

		DÉSIGNATION DES IMMEUBLES.							INDICATION DES TITRES.				Noms des nouveaux possesseurs.		Observations.
	b	Ferme du château		Avon . . .	30,000	500 »		Vente, 10 août 1826.	12 août.	Lenoine.	Jules Grattit.				
	1	Moulin et dépendances . .	1 50	Samois . .	11,000	100 »		Échange, 15 août 1826.	20 août.	Renaud.	Charles Vittré.				
	7	Terres labourables . . .	1a 75	Samoreau .	7,000	60 »		Vente, 20 juin 1827.	30 juillet.	Lemoine.	Jean Bert.				
	16	Bois Croissé	1a 20		3,500	55 »		Vente, 20 juin 1827.	1 juillet.	Lemoine.					
	11	Maison, terres, prés, vignes et bois	7a0 »		40,000	15 »		Vente, 20 décembre 1828.	21 décembre.	Pinon, à Paris.	Pierre Valentin.				

ACQUISITIONS.

		DÉSIGNATION DES IMMEUBLES.							INDICATION DES TITRES.				Noms des précédents possesseurs.	
1	1	Ferme du château	100 »	Avon . . .	40,000	500 »		Acquisition, 12 mars 1825.	20 mars.	Lemoine.	Jean-Baptiste Roy.		8
	2	Moulin et dépendances . .	1 10	Samois . .	15,000	110 »		Acquisition, 30 juillet 1825.	28 juillet.	Lemand.	Pierre Leu.		2
	5	Bois Croissé	1 »	Vénereau .		»		Partage, 11 août 1826.	15 août.	Lemand.	Naxin Grattit.		
	4	Terres, prés et bois . .	65 60	Vulaines .	15,000	130 »		Testament, 13 février 1826.	20 février.	Lenoine.	Ursule Grattil.		11
	6	Bois	25 »	Avon . .	20,000	300 »		Acquisition, 20 août 1826.	16 août.	Renaud.	Georges Bertrand.		6a
	7	Maison et jardin . . .	2 »	Vulaines .	11,000	80 »		Partage, 10 août 1826.	16 août.	Renaud.	Claude Duyon.		17

BIENS IMMEUBLES POSSÉDÉS EN INDIVIS.

Numéros		DÉSIGNATION DES IMMEUBLES.								MUTATION...						
	7	Maison, jardin, terres et bois . .	12 50 »	Vulaines .	31,000	175 »	1/3	Succession. .		1	Partage, 11 août 1825.	15 août.				

ANTICHRÈSES ET BAUX A FERME OU A LOYER.

Numéros	DÉSIGNATION DES IMMEUBLES.			BAUX...										DÉTAILS...				Noms des...	
1	Ferme du château . . .	100 »	Avon . .	Bail, 15 avril 1826.	18 avril.	3,000						540 »	15 juin 1826.	Renaud.	Pierre Métais.		
	Moulin	1 10	Samois . .	Bail, 20 mai 1826.	Enreg...	600 »						101 »	15 juin 1826.	Renaud.	Charles Mollinet.		
	Moulin et dépendances .	1 10 »	Samois . .	Bail, 20 mai 1827.	Enreg...	750 »						102 »	15 mars 1826.	Renaud.	Jacques Fournier.		

CONTRAT DE MARIAGE ENTRE ÉPOUX DONT L'UN EST COMMERÇANT.

Numéros	Date du mariage et du contrat de communauté.	Sa nature.	Noms et prénoms des notaires.	Son numéro.						Actes d'associations.	Actes de dissolution.	
1	Blanchard Julie . . .	10 mai 1826, 14 janvier.	Duroy, à Paris.	3	Duroy Alfred.					Paris, 1er avril, sous seing privé, 5 avril.		

ACTE D'ASSOCIATION ET DE DISSOLUTION INDUSTRIELLE ET COMMERCIALE.

SÉPARATION DE BIENS ET DE CORPS.

Numéros										OBSERVATIONS.

INSCRIPTIONS HYPOTHÉCAIRES.

Numéros	INSCRIPTION.						CONVERSION...				Mainlevées...
En vertu	Leur nature.	Leur date.	Leur montant.	Date de la radiation définitive.							
10	Légale. . .	15 janvier 1826.	10,000 »	11 mai 1827.							
15	Conventionnelle. .	8 mai 1827.	6,000 »	20 mai 1828.							
1	Judiciaire. .	8 août 1827.	7,800 »								

SAISIES IMMOBILIÈRES.

		PROCÈS-VERBAUX DE SAISIE.			DÉNONCIATION.			OBSERVATIONS.
1	2	20 mars 1825.	31 mars.	14 août 1825.	18 mars 1827.			

SUCCESSION DU CONTRIBUABLE.

DÉSIGNATION DES IMMEUBLES.			Nature de la mutation.	Sa nature.	Date de l'enregistrement...	Date de la mutation.	Date de la déclaration.	OBSERVATIONS.

ACCEPTATION OU RÉPUDIATION DE LA SUCCESSION OU DE LA COMMUNAUTÉ.

		ACCEPTATION...			RÉPUDIATION...			OBSERVATIONS.